Das Wesen der Edelsteine

Magie und Heilkraft

Renate Sperling

Das Wesen der Edelsteine

Magie und Heilkraft

tosa

Umschlag: kraxenberger konzept & design, München

Printed in Slovakia

www.tosa-verlag.com

INHALT

VOM WESEN DER EDELSTEINE

**ALLES IST ENERGIE, ALLES IST SCHWINGUNG. ALLES IST TON.
EDELSTEINE SIND ENERGIEFELDER, SIND SCHWINGENDER TON.**

Wenn wir sie in unser Energiefeld bringen, BEWIRKEN sie etwas. Je nachdem, wie weit wir in unserer eigenen Entwicklung gekommen sind, können wir das bemerken oder nicht.
Durch das Vermischen dieser beiden Schwingungsfelder - Körper/Stein - entsteht ein neues Schwingungsfeld, das sowohl auf den Menschen als auch auf den Stein einwirkt. Durch die Einwirkung geschieht VERÄNDERUNG.
Das Leben eines Menschen - sein Wachstumsprozess - setzt sich aus unendlich vielen Momenten der Veränderung zusammen. Der Mensch IST Veränderung, ist Wachstum, ist LEBEN.
Die Momente der Veränderung werden von unterschiedlichen Faktoren ausgelöst. Wir befassen uns hier mit der Veränderung durch Edelsteine.
Edelsteine sind lebende Wesen, lebendige Schwingungsfelder. Nichts ist fest. Alles ist Veränderung und alles ist Leben.
So sollte es uns nicht verwundern, dass Edelsteine Abbilder ihres Schwingungsfeldes auf einer anderen Ebene besitzen. Diese Abbilder sind Bewusstsein, sind GEIST. Natürlich besteht auch keine Trennung zwischen Edelstein und Geist, Stein hier, Geist dort, sondern Stein und Geist sind EINS. So kommt es, daß ein Stein über die kleinen Veränderungen hinaus auch große Wandlungen in einem Menschen vollziehen kann.
Weise wissen, dass ein Stein beseelt ist, jeder Stein, *auf welche Art auch immer!*
Wenn wir mit Edelsteinen leben, wenn wir mit ihrer Wirkung einverstanden sind, haben wir vorher einen Vertrag mit ihnen geschlossen. Wissentlich oder unwissentlich haben wir uns bereit erklärt, dass ein Stein in uns wirken DARF. Nichts geschieht im Universum ohne VEREINBARUNG, nichts geschieht ohne das Göttliche Wissen.
Da wir Kinder des Universums sind und einen freien Willen haben, leben wir in einem Ausnahmezustand: Wir leben außerhalb von Ordnung und sind doch ganz in Göttlicher Ordnung GEBUNDEN.
Unser Weg, von Anbeginn bis zur Vollendung, ist nichts anderes als ein steter Kampf zwischen diesen Polaritäten - ein Kampf *in uns.* Wenn wir uns auf Edelsteine beziehen, ist es so, als würden sie uns befähigen, diesem Kampf ein Ende zu bereiten. Tatsächlich ergreifen wir natürlich *jede* Hilfe unterschiedlichster Art.
Und so werden Edelsteine Helfer für uns sein, die uns durch einige Leben begleiten, manchmal mehr, manchmal weniger geehrt. Zeitweise können sie sehr wichtig für uns sein, dann wieder gar nicht. Die Steine sind immer bereit, uns zu helfen. Ob wir ihre Hilfe annehmen wollen, wann und wie oft, das ist allein unsere Entscheidung.
Wenn wir Edelsteine aber *lieben,* offenbaren sie uns ihr wahres Wesen, das über „Schwingungsfelder" und „Energiepotenzial" weit hinausgeht. Edelsteine können mit höchsten Geistschwingungen verbunden sein und somit *sind* sie Geistige Helfer, sind sie Engel, *sind sie ein Ausdruck Gottes.*
Als die Edelsteine in mein Leben traten, war ich darauf gar nicht vorbereitet - zumindest nicht bewusst. Ich hatte nicht einmal einen besonderen Bezug zu ihnen, schien mir.

Aber dann reiste ich zu einer Heilerin, die u. a. mit Steinen arbeitete. Ich nahm einen blauen Stein in die Hand und sah vor meinem inneren Auge eine direkte Linie zu meinem Herzen. Dann nahm ich einen gelben und sah eine Linie zur Stirn. Später schenkte sie mir einen Bergkristall, der zu mir „sprach", das heißt, ich hörte innere Sätze, als ich ihn in der Hand hielt. Das erschien mir geradezu suspekt und ich benutzte den Stein so gut wie nie.
Danach ergab es sich scheinbar zufällig, dass ich an einem Seminar über die Wirkung von Edelsteinen teilnahm. Nach und nach begannen mich die Steine zu interessieren. Ich schaffte mir kleinere Handsteine an und war fasziniert über das, was ich in Büchern las. Ohne es damals zu merken, fragte ich innerlich aber immer: WARUM? WARUM wirken die Steine so? WARUM beeinflussen sie uns? WIE ist das möglich?, und: WAS WOLLEN SIE MIR SAGEN?

Wenn wir das Leben lieben, wird uns viel geschenkt. Mein Geschenk war, dass eine Freundin mich aufforderte, mit ihr nach Idar-Oberstein zu reisen, einer deutschen Hochburg für den Edelsteinhandel.
„Was soll ich da?" fragte ich missgelaunt. „Ich habe ohnehin kein Geld." Als ob Geldmangel unserer Entwicklung im Wege stehen könnte! Ich wollte schon immer vorwärts, ich hatte es bewiesen in den Jahren davor. Ich besaß die Fähigkeit, meine früheren Leben und die von anderen Menschen *sehen* zu können. Ich arbeitete mit Menschen auf heilerische Weise. Die Möglichkeit dazu hatte ich mir durch jahrelanges tiefes Arbeiten an mir selbst *erworben*. Ich hatte ALLES gegeben, um meinen Weg gehen zu können. Therapie- und Heilungssitzungen, Ausbildungen, Fortbildungen usw. hatten mich ein Vermögen gekostet. Auf alles, was mir ehemals lieb war, hatte ich dafür verzichtet. Nicht nur, dass ich meine Sicherheit aufgab durch Arbeitslosigkeit, meine Angst vor Schwarzarbeit, zu der ich vorübergehend gezwungen war, meine Ruhe durch Zimmervermieten, lieb gewordene Gegenstände durch Verkauf, meinen Stolz durch Bitten - ich mußte auch Menschen aufgeben. Menschen, die mich nicht mehr verstanden, denen mein Weg und meine Entwicklung Angst machte. Aber ich wollte vorwärts, ich wollte *verstehen*.
Und Gott half. Zuerst lernte ich mich, mein Verhalten, mein Wesen, meine Ängste und Verzweiflungen, meinen tiefsten Schmerz, meine Freude und Lust kennen. Dann die Ebene, die man als frühere Leben bezeichnet. Während einer Therapiestunde erlebte ich mich plötzlich als eine andere Frau, erlebte Dinge, die mir unfasslich schienen, fühlte tiefsten Schmerz und wusste doch - das bin ich. Von da an arbeitete ich mit einem Reinkarnationstherapeuten an meiner Vergangenheit. Später lernte ich, mich selber rückzuführen. Das Auflösen meiner Erinnerungen an frühere Leben befreite mich nicht nur von Schmerzen und Leidensdruck, es erklärte mir nicht nur mein Leben, es gab mir vor allem tief greifendes Wissen, Verstehen und Kraft. Danach entfalteten sich meine Fähigkeiten.
Als ich schon längst als Geistheilerin und Reinkarnationstherapeutin arbeitete, kamen die Edelsteine zu mir. Sehr schnell erkannte ich ihr größtes Geschenk: LEICHTIGKEIT und FREUDE. Bis dahin hatte ich mir nicht eingestanden, wie viel Kraft mich meine Arbeit kostete, wie ich mit den Menschen mitlitt, die zu mir kamen. Mit Hilfe der Steine konnte ich mir endlich erlauben, das zu fühlen.
Ich bat Gott um Hilfe - wieder einmal nicht wissentlich. Wissentlich bat ich ihn, nur das sehen und empfinden zu können, was für meine Arbeit am Menschen unbedingt nötig wäre. Ich wollte nicht mehr der ganze Schmerz der anderen sein, ihre Verzweiflung, ihre Panik, ihre Angst, ihre Zerrissenheit - alle die Gefühle, die wir aus früheren Leben kennen, die noch in uns sind, die geheilt werden wollen. *Vater*, rief ich, *hilf mir! Bitte!*
So begann es, dass ich zu Edelsteinen griff. Unbewusst. Ich hatte keine Ahnung, dass wir eine Vereinbarung

getroffen hatten: *Arbeite mit Steinen, sagte Gott, und du wirst glücklich. Ich helfe dir. Du bist mein Kind. Ich will, dass du glücklich wirst.* - *Wie schön,* war alles, was ich sagte, *ich liebe Steine, danke, Gott!*
Meine Freundin betätigte sich als äußere Helferin. Sie drängte mich nach Idar-Oberstein. Auf dem Weg dahin dämmerte mir, dass ich dort mehr als ein paar Handsteine kaufen sollte. Ich ahnte die Summe und schaffte mir die Möglichkeit, das Geld zu borgen. Die Steine haben mich immer herausgefordert, meine Grenzen zu überspringen. Sie lieben mich und ich liebe sie. Wir sind Freunde, Freunde helfen einander. Ich erweiterte ihr Wissen über Menschen und sie vermitteln mir ihre göttliche Weisheit. In Idar-Oberstein kauften wir also Steine, und dann kam die ganze große Herausforderung durch einen Brillanten. Mit Schulden und offenen Herzen fuhren wir zurück.
Das Universum belohnt uns immer für mutige Taten. Die Steine hatten zu mir gesprochen. Ich hatte auf ihren Rat gehört. Ich hatte sie erworben, obwohl ich kein Geld besaß. Ich hatte *vertraut*. Und Vertrauen wird belohnt. Auf diese Weise lernen wir. Kurz nach diesem Besuch begann ich Edelstein-Seminare zu geben. Das Wissen war plötzlich vorhanden. Wie ich bis dahin hellsichtig für bestimmte andere Gebiete gewesen war, war ich es jetzt auch noch für Edelsteine. Die Steine führten mich in enorme Lernprozesse und ich wuchs und wuchs.
Langsam interessierte ich mich für die materielle Seite der Steine (wie mineralogisches Wissen, Preise, Trageeigenschaften usw.) und auch das brachte mich vorwärts. Mehr und mehr Fähigkeiten entfalteten sich in mir in Bezug auf Edelsteine. Fähigkeiten, die in uns allen schlummern, die geweckt werden wollen. Die Steine helfen dabei.

Edelsteine sind große Helfer. Sie bewirken Veränderungen in uns. Wie kann ein Prozess aussehen?
Einer Frau empfahl ich zwei Ketten zu tragen - Bergkristall für Klarheit, Zitrin für Zuversicht. Nach vierzehn Tagen kam sie zu mir: „Die Ketten tun mir nicht gut. Ich habe rote Flecken am Hals und manchmal Angstgefühle. Wenn ich sie abnehme, geht das vorbei." Ich sah den Hintergrund: Sie hielt die Erinnerung an ein Leben, das sie sehr belastete, krampfhaft unterdrückt. Der Bergkristall gab ihr Klarheit: Löse diese Erinnerung auf und du wirst dich sehr viel besser fühlen. Der Zitrin gab Zuversicht: Traue dich. Es ist leichter, als du denkst. Jetzt spielte sich ein Kampf in ihr ab - Wissen gegen Angst. Sie spürte die Angst, und die Unterdrückung der Gefühle zeigte sich als rote Flecken. Wir arbeiteten an dem Leben und danach ging es ihr gut - bis zum nächsten Lernprozess. Die Ketten trägt sie jetzt mit Begeisterung. Sie rufen keine Symptome mehr hervor. Sie wirken nur zu ihrer Freude.
In meiner Praxis arbeite ich ausschließlich an der URSACHE von Krankheiten und Gefühlszuständen. Dafür setze ich Reinkarnationstherapie, Ausbildung zur Selbst-Rückführung, Edelsteine und meine Befähigung als Geistheilerin ein. In dieser Berufung arbeite ich durch Handauflegen, wobei karmische Blockierungen gelöst werden. Eine Mutter, die bei mir erfolgreich Sitzungen genommen hatte, kam mit ihrer zwölfjährigen Tochter in die Praxis. Später hörte ich: „Handauflegen hilft doch nicht", hatte das Mädchen vor der Behandlung zu ihrer Mutter gesagt. Als sie zu mir kam, gab ich ihr einen Pyrit zu halten und arbeitete mit ihr. Auf der Heimfahrt erzählte sie aufgeregt: „Stell dir vor, der Stein hat die ganze Zeit gesagt: ES HILFT, ES HILFT, ES HILFT."
Als ich noch wenig über Steine wusste, kaufte ich mir eine Aventurin-Kette und legte sie gleich an. Stunden später befand ich mich in einer fürchterlichen Stimmung. Alles schien mir grau und hoffnungslos. Ich überdachte mein Leben und sah keine Perspektiven. Schließlich fragte ich mich, wie ich derart negativ denken konnte. In vielen Meditationen hatte ich erlebt und erfahren, dass mein Leben GLÜCK sei, meine Aufgabe, eine lebendige, liebende und glückliche Frau zu sein. Diese tiefe Erkenntnis meiner Berufung ergriff mich, Tränen liefen mir über die Wangen. Ich schämte mich, dass ich mir und meiner Aufgabe so wenig vertraute - dass ich GOTT nicht genü-

gend vertraute! Sofort verband ich mich mit Gott und umarmte ihn innig. Plötzlich war alles leicht, viel leichter als zuvor. Auf einmal fiel mir die Kette ein. Aventurin, was bewirkt er? Ich las in einem Buch nach. Die Worte, die mir ins Auge sprangen, waren GLÜCK und ERFOLG. Diese Kette hatte mir meine Berufung vor Augen geführt und gab mir für lange Zeit Kraft.

Wir sehen an diesen drei Beispielen, dass Steine sehr unterschiedliche Wege finden können, um uns zu helfen. Ganz wichtig ist es, zu wissen, dass wir uns NIE einen Stein aus einem Buch heraussuchen sollten, wenn wir bestimmte Qualität erleben möchten. Nehmen wir an, wir wollen unbedingt Frieden erfahren, und in Büchern steht: Jade verschafft Frieden. Hier sollten wir differenzieren. Jade strahlt zwar eine Schwingung des Friedens aus, eine Schwingung, die Frieden in uns bewirken *kann*, aber keinesfalls muss. Unter ihrem Einfluss spürt vielleicht Person A, wie weit sie von Frieden entfernt ist, und weint verzweifelt. Das erlöst. Person B erkennt, dass sie für inneren Frieden Ausgeglichenheit benötigt - dafür braucht sie andere Steine - und die Versöhnung mit ihrem Mann! Person C wird unruhig und aggressiv. Sie ärgert sich über die Jade und hält vielleicht nicht mehr viel von Steinen. Hätte diese Person z. B. Karneol benutzt, hätte sie die Kraft gespürt, um ihr Leben in Ordnung zu bringen, jedenfalls die wichtigsten Bereiche, und hätte dadurch Frieden empfunden. Der Karneol hat absolut nichts mit Frieden zu tun, aber in diesem Fall hätte er ihn bewirkt.
Ganz selten erreichen wir durch Jade tatsächlich spürbaren Frieden, z. B. wenn wir ihn erfahren sollen, um diese Qualität kennen zu lernen, damit wir sie als Zukunftsziel anstreben. Wer allerdings schon viel erreicht hat auf dem geistigen Weg, für den kann Jade die endgültige Heimkehr bedeuten, und tiefer Friede wird hin und wieder spürbar sein. Allmählich wachsen wir ganz in ihn hinein.
Obwohl jeder Stein mit einer bestimmten Schwingung verbunden ist, kann er auf jede Person anders wirken und bei den jeweiligen Personen wirkt er noch einmal anders zu unterschiedlichen Zeitpunkten ihres Lebens. Seine Schwingung ist immer die gleiche (normalerweise) - die Auswirkungen können jedoch *sehr* verschieden sein! Es kommt also darauf an, *tiefer* zu sehen, als es die meisten Bücher aufzeigen können. Wie erreichen wir das? *Wir verlassen* uns auf unsere Intuition. Wenn wir ihr nicht trauen, schulen wir sie.
Warum? Es gibt eine Instanz - unser Inneres Wissen - die genau weiß, was gut für uns ist. Sie weiß, welche Hilfen wir im Moment benötigen, welche Hilfsmittel für uns optimal sind. Diese innere Botschaft will nun in unser Bewußtsein dringen. Das kann über Träume geschehen, über „Zufälle" (jemand ruft mich an und erzählt mir von einem Stein), über Meditation, Gebete, unter Einwirkung verschiedener Lichttechniken oder Ähnliches. Es kann auch sein, dass mir jemand einen Stein schenkt oder dass ich den inneren Drang verspüre, einen Steineladen aufzusuchen.
Wenn ich nun vor Steinen stehe, was dann? *Wir hören auf unser Gefühl!* Erfahrungsgemäß werden wir uns zu den Steinen hingezogen fühlen, die wir gerade benötigen. Wir finden sie einfach nur schön. Das funktioniert fast immer!
Ich arbeite in meiner Praxis häufig mit einem großen Pyrit. Pyrit schafft den DURCHBRUCH. Im Allgemeinen frage ich die Patienten, wie ihnen dieser Stein gefällt. Viele finden ihn schön. Bei neuen Patienten höre ich oft: Nein, der sieht ja so kalt aus! Nach drei oder vier Besuchen bei mir zeige ich ihn wieder. Es ist geradezu komisch, dass die meisten dann in Begeisterungsrufe ausbrechen. Sie wundern sich, dass er ihnen nicht gleich gefallen hat, oder erinnern sich gar nicht, dass ich ihn schon gezeigt habe. Dieser Stein wird jetzt als schön empfunden, weil die Person zu einem Durchbruch *bereit* ist.
Hier gilt es noch zu bemerken, dass wir auch die Steine beachten sollten, von denen wir uns abgestoßen füh-

len. Wenn ich einen Stein richtig ablehne, sollte ich mich fragen, was er bewirkt. Meistens verstehe ich dann, was ich im Moment vermeiden möchte. Vielleicht erinnert er mich aber auch an ein früheres Leben, von dem ich nichts wissen will. Eine Frau sagte einmal: „Ich kann diese Steine nicht sehen! Wenn ich sie anfasse, werde ich krank!" Hier waren es nicht die Steine, die Symptome auslösten. Es waren die Erinnerungen, die für sie mit Edelsteinen verbunden sind.

Obwohl ich alle Steine liebe, gab es doch immer welche, die mir nicht sonderlich gefielen. Sie schienen mir uninteressant oder unscheinbar. Als diese Steine für mich wichtig wurden, konnte ich mich nicht genug über ihre Schönheit begeistern. Ich fand sie plötzlich unendlich wichtig: Ich war reif geworden für ihre Hilfestellung!

Edelsteine, die unser Schwingungsfeld beeinflussen, können auch Veränderungen im Körper bewirken. Hier gilt es aber, erst einmal zu verstehen, was HEILUNG bedeutet. Das Licht sagte mir:

Der ist geheilt,
der von sich sagen kann:
Ich bin Liebe.
Ich bin Leben.
Ich bin Sonne.
Ich bin Glück.
ICH BIN.

Heilung bedeutet also sehr viel mehr als Freisein von Symptomen. In meine Praxis kommen oft Menschen, die einen Tag, eine Stunde vor der Behandlung starke Symptome aufweisen. Wir bearbeiten ein früheres Leben, und die Beschwerden sind vergangen. Diese Menschen schaffen sich kurzfristige Symptome, weil sie sich an etwas erinnern wollen.

Vor sehr vielen Jahren sah ich einmal ein Liebespaar, das sich in einer Hausecke küsste. So etwas hatte ich schon oft gesehen. Aber hier fühlte ich plötzlich die Frage in mir: Was empfinde ich eigentlich wirklich, wenn ich ein sich küssendes Paar sehe? In diesem Moment durchschoss mich ein so starker Herzschmerz, daß er mir den Atem raubte. Danach war alles, als wäre nichts geschehen. Weil ich damals noch zu unwissend war, ließ ich es dabei bewenden, aber ich vergaß dieses Erlebnis nie.

Wir werden krank, wenn wir eine innere Wahrheit leugnen. Wir schaffen uns Symptome, wenn wir die Stimme unseres Herzens zu lange überhört haben oder sie gar nicht hören wollen. Wir verfügen über große Kräfte. Wir sind Schöpfer unserer Lebensumstände und es ist uns ein Leichtes, uns krank zu machen. Unserer Krankheit geht ein inneres NEIN voraus. Jede Therapie, jede Behandlung, jedes Gebet kann nur eins bewirken - das Nein in ein JA zu verwandeln. Dieses innere JA ist die Voraussetzung für unsere Heilung. Hier liegt die Antwort auf das „Wunder", wenn ein Aufgegebener plötzlich gesund wird. Sein JA war stark und sein Körper noch nicht zerstört. Hier liegt auch die Antwort auf unfassliche Ereignisse, wo gesunde oder wenig kranke Menschen völlig unerwartet sterben. Etwas in ihnen geschieht und sie sprechen ein absolut starkes und vehementes NEIN. IM ANFANG WAR DAS WORT. Es gehört zu unserem Reifeprozeß, die Bedeutung dieses Satzes für uns und unser Leben verstehen zu lernen. Wir sind Schöpfer unserer Krankheiten und unserer Gesundheit. Wir sind nie Opfer. Falls wir uns so fühlen, gibt es ein Missverständnis in uns, haben wir unsere Wahrheit noch nicht erkannt. Wenn wir diese Wahrheit erkennen, liegt der Schlüssel zu unserer ganzheitlichen Heilung in unserer Hand. Es ist ein Geschenk der Gnade, wenn wir - beispielsweise durch Reinkarnationstherapie - erkennen dürfen, dass das Leben *immer*

gerecht ist, absolut und unbestechlich gerecht. Es gibt keine Ungerechtigkeit, es gibt nur Mißverständnisse, Unwissenheit und Handlungen aus Verletzung heraus.
Mit diesem Hintergrundwissen ist die Einwirkung von Edelsteinen auf unseren Körper zu verstehen. Wenn ich sterben will, habe ich aufgegeben. Dieses meist *unbewusste* Aufgeben kann durch einen Edelstein beeinflusst werden. Steine mit der Schwingung des Mutes, der Hoffnung, der Liebe bewirken hier viel. Direkte körperliche Beeinflussung ist nur wenigen Steinen vorbehalten und dann auch nur zu bestimmten Bedingungen.

Nehmen wir ein Beispiel: Während eines Urlaubs mietete ich ein schönes Zimmer. Die Wirtin sah in den Raum und fragte nach meinen Wünschen. Wir tauschten ein paar Worte und sie ging. Meine Augen begannen heftig zu jucken, ich rieb und kurze Zeit darauf waren sie wie zugeschwollen, mit allen Zeichen einer massiven Bindehautentzündung. Mir fiel ein, dass *Blau* bei Entzündungen hilft. Zum Glück hatte ich eine Aquamarin-Kette dabei und einen großen Amazonit. Ich legte die Kette zusammengerollt auf das eine Augenlid und den Stein auf das andere. Überraschenderweise waren die Symptome nach einer halben Stunde völlig vergangen, meine Augen waren wieder klar. Etwas später schaute die Wirtin ins Zimmer, um mir noch einige Erklärungen zu geben. Fast umgehend begannen die Augenbeschwerden erneut. Vorher hatte ich an eine mechanische Reizung gedacht, jetzt musste ich mich fragen: *Was will ich nicht sehen?*
Es stellte sich heraus, dass ich diese Frau nicht sehen wollte, weil ich mit ihr unangenehme Erlebnisse verband, die in die Ebene von früheren Leben gehörten. Ich arbeitete diese Erlebnisse auf, benutzte die Edelsteine und war beschwerdefrei. Hier sehen wir, dass die Steine zwar wirken, aber nur dann *dauerhaft*, wenn die *Ursache* behoben ist.
Ich erinnere mich an eine Vision, in der ich nackte Menschen im warmen Sand liegen sah. Um sie herum wurden dicht an dicht handgroße Steine gelegt, dann wurden sie mit Sand zugedeckt. Die Steine zogen Negatives aus dem Körper. Eine Frau stand daneben und sagte: „Wir heilen schon lange so, aber die Welt will es nicht wissen."
Weiterhin sah ich Lastwagen, auf denen die Steine herantransportiert und die verwendeten zurückgenommen wurden, um sie der Erde zur Reinigung wiederzugeben. Es war deutlich, dass die Steine um die Liegenden in einem bestimmten Rhythmus ausgetauscht wurden, bis alle negativen Schwingungen aufgesogen waren.
Menschen wurden auf diese Weise gesund. In der folgenden Zeit benutzten sie Edelsteine für ihre Lernprozesse und um nicht mehr krank werden zu müssen. Für die körperliche Heilung wurden Jaspis, Onyx, Malachit, Sodalith und Lapislazuli verwendet, für die weitere Entwicklung viele andere.
Diese Vision stimmte mich sehr nachdenklich. Es gibt immer Wissen, das wir nicht anwenden. Wir wollen nicht. Selbst da nicht, wo wir dringend nach Wegen suchen. Wir könnten z. B. auf eine sehr einfache Art Energie erzeugen: durch Beten. Wir glauben es nicht. Wir können es uns nicht vorstellen. Eines Tages, wenn wir ganz und gar in Not sind, werden wir es versuchen. Während einer Meditation wurde mir erklärt: Jede Person wird einmal in Zukunft Strom erzeugen können. Genug, um ein Haus zu bewirtschaften. Personengruppen werden für Industriestrom sorgen. Und wie? Indem wir unsere Hände auf eine Art Trommel legen, in der sich so etwas wie ein Übersetzungsgerät befindet, das unsere Vibrationen - ausgelöst durch das Beten - in Elektrizität umsetzen kann. So einfach! Warum wenden wie es noch nicht an? Weil wir in unseren Vorstellungen begrenzt sind. Als Wernher von Braun meinem Vater erklärte, dass er eines Tages Raketen bauen würde, größer als ein Kirchturm, um sie zum Mond zu schicken, hat mein Vater gelacht. Als er weiterhin sagte, dass diese Raketen eines Tages bemannt sein würden, wandte mein Vater sich ab, kopfschüttelnd! Er schätzte diesen Mann als Wissenschaftler,

aber das war ihm zu verrückt. Alles, was uns heute SELBSTVERSTÄNDLICH ist, wurde einmal für verrückt gehalten. Wir brauchen unsere Fantasie nur ein wenig spielen zu lassen, um aus Altem zu lernen und Neues zu entdecken. Aber wir sind bequem und so wurden die meisten Errungenschaften in Notzeiten oder unter Druck erfunden, häufig unter äußerlichem Druck durch einzelne Personen oder Personenkreise. Unter welchen inneren Druck müssen wir uns noch setzen, um die Atomkraftwerke abzuschalten?
Aber glücklicherweise gibt es Einzelne, die die Welt verändern. Die Kraft einer einzigen Person kann auf geistiger Ebene unendlich groß sein. Deshalb dürfen wir uns nie entmutigen lassen und müssen unseren eigenen Weg finden - zum Segen aller. Die Welt mag diese Einzelnen nicht verstehen, aber ihr Werk ist von Bedeutung.
Um nur ein Beispiel zu nennen - Mahatma Gandhi. Etwas provokativ könnte man sagen: *Ihm haben wir die deutsche Einheit zu verdanken.* Da wir allmählich lernen, dass alles *eins* ist, und alles, was wir denken, reden und tun, jeden von uns beeinflusst, werden wir auch irgendwann verstehen, dass einzelne Menschen ein Kraftfeld im Universum schaffen, aus dem der Rest der Welt Impulse empfangen kann. Was Gandhi lebte, hat in uns *gewirkt.* Die Menschheit hat dadurch verstanden, dass friedliche Revolutionen möglich sind, dass Gewaltlosigkeit eine KRAFT ist. Im Fall der deutschen Einheit wurde danach gehandelt.
Auch die Kraftfelder der Edelsteine werden wir erst nach und nach verstehen lernen. Dabei hilft uns jede Erfahrung, die wir mit Edelsteinen sammeln. Wo Liebe ist, ist Entdeckung. Die Verbreitung des Edelstein-Wissens in unserer Zeit geschieht aus Liebe. Eines Tages werden wir alles aus Liebe tun. Das ist unser Weg.

Eine große Liebende war Hildegard von Bingen. Sie findet auch heute noch viele Anhänger. Was mir von der Edelstein-Welt vermittelt wurde, ist Folgendes: Alle Energien auf dieser Erde wurden durch uns verändert. WIR haben uns verändert. Die Schwingungen der Erde sind andere geworden. So kommt es, dass einige Empfehlungen der heiligen Hildegard nicht mehr in unsere Zeit passen. Es ist wichtig, dass wir unsere eigenen Erfahrungen sammeln, nach innen hören und handeln.
Wer offen genug ist, mit den Edelsteinen sprechen zu können, sollte die Steine selbst um Rat fragen. Aber wir dürfen nicht vergessen, dass die Antworten *Schwingungen* sind. Selbst die Hellsichtigen unter uns erfassen normalerweise nur Aspekte einer Wahrheit. Es kann immer sein, dass wir nur Teilwahrheiten erfahren, weil es uns auf Grund persönlicher Schwingungen nicht möglich war, die *reine* Übersetzung einer Botschaft zu erreichen, oder weil wir uns zu einseitig für das Thema interessierten. So kommt es auch, dass unterschiedliche Menschen unterschiedliche Botschaften verbreiten, obwohl sie sich reinen Herzens ihrer Aufgabe widmen. Jede Erfahrung ist wichtig, jeder Mensch ist wichtig. Alles ist Teil. Unendlich viele Teile formen das Ganze.

WAS IST EIN EDELSTEIN?

Ein Edelstein ist ein Mineral, das sich durch Reinheit, Seltenheit, Schönheit und Ausstrahlung von der Menge der anderen Mineralien abhebt. In diesem Buch bezeichne ich alle Mineralien als Stein oder Edelstein sowie Materialien organischen Ursprungs, die hervorragende Eigenschaften besitzen und im Dienste der Menschheit stehen. Der Begriff Halbedelstein wird vom sachkundigen Fachhandel nicht mehr benutzt.
Aus geistiger Sicht ist ein Edelstein Schwingung, verdichteter GEIST. Er kann als Helfer, als Bruder oder als Freund wirken. Er ist ein Kind Gottes oder Ausdruck höchster Göttlichkeit.

Was ich in einem Edelstein erkenne, hängt von dem Stein und meinem eigenen Bewusstsein ab. Edle Steine bewirken Veränderung in uns durch Tragen, Auflegen, halten in der Hand, Ansehen oder vielfältige andere Varianten.

WIRKUNG DER EDELSTEINE

Edelsteine, die durch ihr Schwingungsfeld auf uns einwirken, sind wichtig. Sie sind so wichtig, weil es auf eine unnachahmliche Weise geschieht - durch eine Art Übertragung.

Im Gegensatz zu Tropfen, Salben, Drogen und Essenzen, die direkt auf uns einwirken, wirken die Steine gewissermaßen indirekt. Was stattfindet, ist ein Austausch von Schwingungen auf der geistigen Ebene. Die Steine arbeiten durch AUFKLÄRUNG, könnte man sagen.

Sie bewirken den gezielten Kontakt zu unserem Inneren Wissen, zur Göttlichen Weisheit. So gesehen wirken sie über ERKENNTNIS.

Wenn ich sehr verzweifelt bin und zu einem Edelstein greife, dann lautet seine Botschaft vielleicht: „VERTRAUE. Das Leben ist einfacher, als du denkst. Alles ist vorbereitet, alles wird sich ändern. Vertraue."

Diese Information gelangt in mein Unterbewußtsein. Sie trifft sich dort mit dem Wissen meines Höheren Selbst. Dieses Höhere Selbst habe ich bis dahin nicht ausreichend zu Wort kommen lassen. Jetzt erreicht mich diese doppelte Information, eindringlich, ausdauernd und gewissenhaft. Ich kann sie nicht mehr ignorieren. Sie dringt zu mir durch. Sie beginnt in mir zu *wirken* und erzeugt eine Aus-Wirkung.

Die Auswirkung kann ganz unterschiedlich sein, je nachdem wo ich in meinem Lebensprozess stehe, was ich mir erlaube, was ich *möchte.*

Hier liegt die Erklärung, daß innerer Friede bei hundert Anwendern durch hundert unterschiedliche Steine erreicht werden kann. Der Zeitaspekt kommt noch dazu: Wenn *mir* der Amethyst heute Frieden durch Erkenntnis bringt, so wird mir mit Sicherheit etwas später ein anderer Stein Frieden bringen, und Wochen danach wieder ein anderer und Jahre später - wenn ich gereifter bin - noch einmal ganz andere Steine.

Deshalb fragen wir immer: Was brauche ich zu diesem Zeitpunkt meines Lebens? Was tut mir jetzt gut? Was hilft mir weiter? Wenn ich dann Edelsteine benutze, lauten die nächsten Fragen: Wie sollte ich sie anwenden? Über welchen Zeitraum? Was gibt es zu beachten?

Wir werden ein Gefühl dafür entwickeln. Manche Steine wollen getragen werden, andere nicht. Bei diesen ist es vielleicht sinnvoll, sie nur zeitweise aufzulegen. Manche benutzen wir am Tage, andere in der Nacht.

Das Leben mit Edelsteinen ist ein Abenteuer und ein Wachstumsprozeß. Wagen Sie! Probieren Sie! Sammeln Sie Ihre eigenen Erfahrungen! *Gehorchen Sie Ihrem Gefühl! Achten und ehren Sie sich darin!*

Vorsicht vor zu schneller Beurteilung! Nur weil ein Stein dieses und jenes gesagt hat, weil ich dieses und jenes mit ihm erlebt habe, kann ich nicht auf seine ganze Wirkung schließen.

Die Wirkung eines einzelnen Steines kann sehr weit reichend und umfassend sein - und wir erhaschen vielleicht nur ein winziges Detail. Je offener wir für Edelsteine sind, desto mehr lernen wir über sie, werden wir wirklich Freunde.

Edelsteine - als geistige Helfer - wirken *unerschöpflich!!!* Das kann nicht oft genug gesagt werden. Jede Beurteilung bedeutet Einschränkung, bedeutet Stagnation.

Wie wende ich nun die Steine an?

Die gängigste Art besteht darin, sie bei sich zu haben. Die so genannten Trommelsteine trage ich in Kleider- und Hosentaschen. Ich berühre sie häufig. Kleine oder intensive Steine trage ich in Seiden- oder Lederbeutelchen vor dem Herzen.

Am liebsten sind mir Ketten, Anhänger und Ringe. Gut ist es, die Steine auf der Haut zu haben, deshalb lasse ich Schmuckstücke so fassen, daß die Unterseite des Steines meine Haut berührt. Ein Beutelchen aus Seide, Baumwolle oder dünnem Leder ist aber auch durchlässig genug. Diese Beutelchen sind kinderleicht zu nähen. Der Faden, an dem sie hängen, sollte selbstverständlich reißfest sein. Außerdem muss der Beutel zugezogen werden können, damit kein Stein herausfällt, wenn ich mich beispielsweise bücke. Hin und wieder wird der Faden erneuert und der Beutel gewaschen.

Wir können Ketten auch als Armbänder oder um die Taille tragen. Wenn ich sie viel benutze, kann ich sie auch auf der Kleidung tragen und brauche nicht unbedingt Hautkontakt.

Ich habe es mir zur Angewohnheit gemacht, mich mittags auszuruhen. Dabei lege ich häufig Steine auf - über der Kleidung, auf die Energiezentren - und meine Hände ebenfalls. Nach zwanzig Minuten bin ich fit für den Rest des Tages.

Neue Edelsteine, die klein sind, klebe ich drei Nächte auf mein Herz-Zentrum und drei Nächte auf die Stirn (Heftplaster). Fast immer erfahre ich durch entsprechende Träume etwas über die Wirkung der Steine, über ihr Wesen. Manchmal gehe ich auch mit Ketten schlafen oder mit einem größeren Stein. Wer über die Fähigkeit zur so genannten Fernheilung verfügt, kann vereinbaren, daß diese Fernheilung wirkt, solange der Stein in der Hand behalten wird. Unter Fernheilung verstehe ich das neutrale Aussenden von Lichtenergie. Ich benutze dafür ein spezielles, ganzheitlich wirkendes Heilungssystem (Die Radiance Technik® - Real Reiki®), ohne meinen Willen oder persönliche Wünsche einzusetzen.

Viele Menschen verwenden Edelsteine in ihrer Meditation. Sie halten die Steine in der Hand(fläche), stellen sie direkt vor sich oder zwischen ihre Beine. Entsprechend kleine Steine können wir auch hier auf die Stirn oder das Herz-Zentrum kleben. Wer im Liegen meditiert, wird die Steine ebenfalls vorzugsweise auf Stirn oder Herz platzieren.

Vorsicht bei den Empfehlungen, Steine zu lutschen oder sie in Wasser zu legen und dieses Wasser zu trinken! Ich habe das anfangs natürlich auch probiert, aber wenn ich nicht genau weiß, was ich da tue, sollte ich auf diese Experimente verzichten.

Einige Mineralien sind giftig. Gewisse Spurenelemente, die ich automatisch aufnehmen würde, sind vom Körper nicht abbaubar. Wenn der eine Wirkstoff meine Knochen über lange Zeit hinweg härten kann, kann ein anderer sie erweichen.

Welche Dosis bewirkt das? Weiß ich darüber Bescheid? Ich war auch begeistert von Salben, die Edelstein-Pulver enthielten. Einige schienen zu wirken, obwohl wir es hier nicht mehr mit der geistigen Energie des Steines zu tun haben, sondern nur noch mit seiner ganz materiellen Ebene. Aber wieder gilt: Wir wissen nicht, was wir über die Haut in unseren Körper schleusen. Das Wunderbare am *Tragen* von Edelsteinen ist ja gerade, dass es absolut keine Nebenwirkungen gibt. Jedenfalls keine körperlichen. Und die geistigen geschehen zu unserem Besten.

Edelsteine in der Wohnung wirken am Esstisch, am Arbeitsplatz, am Schlafplatz und an anderen Orten. Sie klären die Energie in Räumen oder laden zum Anfassen ein. Vor Renovierungsarbeiten entfernen wir sie. Farbausdünstungen schaden nicht nur uns, sondern auch den Steinen. Bergkristalle eignen sich zwar zum

Neutralisieren solcher Gerüche und Schwingungen, aber die Steine müssten groß genug sein, nach kurzer Zeit gereinigt werden, und es ist auch möglich, dass sie anschließend nicht mehr benutzbar sind.

Für jede Anwendung gilt:
ANSCHLIESSEND IST DER STEIN ZU REINIGEN!

Edelsteine strahlen ihre reinen Schwingungen aus und wirken in uns. Sie nehmen Informationen von uns auf und ziehen negative Schwingungen von uns ab. Beides wird in den Steinen gespeichert. Wenn ich sie nicht reinige, ist der Stein irgendwann in seiner positiven Ausstrahlung erschöpft. Dann gibt er mir zurück, wovon er mich befreien wollte. Er spiegelt mir meine dunklen Anteile, er heilt nicht mehr.
Die Reinigung findet am einfachsten durch kaltes Wasser statt (warmes Wasser bindet Energien). Ich lege ALLES in eine Tasse oder Schüssel mit Wasser, warte 2-5 Minuten, manchmal länger, spüle die Gegenstände noch einmal kurz unter kaltem Wasser ab und lege sie auf Tücher. *Alles* schließt auch Ketten ein, was Juweliere ablehnen. Aber was hilft es mir, dass eine Kette etwas länger hält, bevor ich sie neu aufziehen lassen muss, sie ihre Kraft aber nicht mehr entfalten kann, mir sogar schadet?! Vorsichtshalber sollten wir keine körperwarmen Teile in kaltes Wasser legen. Beim Spodumen (Kunzit, Hiddenit) z. B. reicht die Abkühlung von körperwarm auf kalt, um ihn eventuell springen zu lassen. Zu beachten ist noch, dass wir neue Mineralien genau ansehen müssen, bevor wir sie in Wasser legen. Einige vertragen das nicht. Ein Stein zerkrümelt, weil das „Muttergestein" sich als Sand herausstellt, sehr weiche Steine können unansehnlich werden (Phosgenit, Ulexit), und Pyrit kann Rostflecke erzeugen. Glücklicherweise sind es ganz wenige Ausnahmen, wo wir mit der Wassermethode vorsichtig sein müssen.
Steine, die lange nicht gereinigt wurden, sollte man für einige Zeit in möglichst reiner Erde vergraben (nicht im Blumentopf!), manche Steine gilt es, einfach der Erde oder der Natur dankend zurückzugeben. Hier dürfen wir *loslassen* lernen.
Wenn wir fortgeschritten sind auf unserem Wege - und uns das zutrauen -, können wir Edelsteine auf geistige Weise reinigen. Eine Möglichkeit ist Gebet. Es gibt weitere. Anfängern würde ich immer die Wasser- oder Erde-Methode empfehlen. Ich reinige viel durch Wasser, weil mir das liegt. Ganz abzulehnen ist der Hinweis, Edelsteine in Salz zu reinigen! Hier schaden wir nur! Auf lange Sicht kann sich ein Mineral dadurch sogar verändern. Wir sollten uns auch genau informieren, welche Steine ein Ultraschallbad beim Juwelier oder Goldschmied überstehen. Ich habe mir einen Türkis fassen lassen, den die Goldschmiedin ins Ultraschallbad legte. Er war geschönt, was ich nicht wusste, und jetzt zeigte er plötzlich häßliche Flecken. Türkise, Korallen, Perlen und sehr weiche Steine sollten Sie nie auf diese Weise reinigen lassen!
Es ist auch nicht nötig, Steine in der Sonne aufzuladen. Wenn wir sie lieben und sorgfältig reinigen, bleiben sie immer kraftvoll. Aber sie sind Natur und freuen sich über jedes natürliche Element. Wer also mag, kann sie in die Sonne legen. Was Steinen keinesfalls bekommt und eine ausgesprochene Herabwürdigung darstellt, ist die Unterbringung in Tresoren und Banken. Edelsteine *leben* und sie möchten dienen; sie lieben und wollen geliebt werden. Wir sollten uns mit ihnen *umgeben*. Nur so können sie wirken.

Ein Wort zu Krankheiten. Es gibt Edelsteine, denen ich ansehen kann, dass ihre Trägerin, ihr Träger eine lange Phase der Depression oder Krankheit durchgemacht hat, und zwar dann, wenn die Steine nicht gereinigt wurden. Hier liegt auch der Grund, warum mancher alte Schmuck nicht verkauft werden kann oder geerbter nicht getragen wird. Obwohl uns der Schmuck gefällt, ziehen wir uns instinktiv zurück. Meistens kann ich solche Steine reinigen, und prompt finden sie Käufer oder werden getragen. Einmal allerdings habe ich einen durch viele Hände gegangenen Smaragd gehalten, der eine so erhabene Ausstrahlung besaß und mich so tief ergriff, dass ich wusste: Bestimmte Steine, die ihre absolute Vollendung erreicht haben, werden weder durch Krankheiten noch Stimmungen beeinflusst. Sie strahlen eine so großartige Schwingung von Vollkommenheit aus, dass jedes menschliche Problem daneben verblasst. Noch Leben später werde ich mich an einen solchen Stein erinnern können.

Edelsteine lehren alle göttlichen Gesetze. Ein wichtiges Prinzip ist LOSLASSEN, ein weiteres GEBEN. Die Edelsteine kamen erst wirklich zu mir, als ich aus einem inneren Drang heraus jeglichen Schmuck weggegeben hatte, den ich vorher besaß. Alles, woran ich mein Leben lang gehangen hatte, worauf ich stolz gewesen bin, verschenkte ich nun. Ich glaubte ernsthaft, nie wieder Schmuck tragen zu können. Es schien mir nicht vereinbar mit meiner Tätigkeit als Heilerin. Bei einigen Stücken fiel mir diese Trennung sehr schwer, aber ich spürte, ich musste es tun.

Das Universum liebt uns und in meinem Fall war es eine Prüfung und Hilfe. Prüfung, ob ich bereit war, Geliebtes loszulassen, als ich den inneren Aufruf verspürte. Hilfe, weil ich inzwischen so viel über Energien wusste, dass ich erkannte, wie mich Altes band. Mit meinem Durchbruch zur eigenen Heilung und zur Heilung anderer begann mein Leben neu. Es gibt kaum ein Stück in meinem Besitztum, das aus der Zeit vor meiner Veränderung stammt.

Loslassen birgt ein Geheimnis. Goethe sagte: „Von der Gewalt, die alle Wesen bindet, befreit der Mensch sich, der sich überwindet.“ Und das Universum reagiert sofort. Ich hatte den letzten Schmuck vor einer Reise weggegeben - und auf der Reise begegneten mir die ersten einfachen Edelsteinketten.

Der Besitz von Mineralien und Edelsteinen stellt eine weitere Herausforderung dar. Diese Werte sind nicht wirklich zu versichern und so bleibt nur das Beten und Bitten um Erhalt und Schutz - und Loslassen zu gegebener Zeit.

Edelsteine lehren, daß es im Leben um andere Werte geht - um Entwicklung und Wachstum. Wenn ich einen Stein kaufe, der z. B. tausend Mark kostet, und ich darf ihn drei Jahre behalten, bevor ich ihn verschenken soll oder vielleicht verliere, dann hat er mir in den drei Jahren unendlich viel gegeben. Das Geld ist dann nicht mehr wichtig. Er hat mir mehr gegeben, als tausend Mark wert sind.

Die Wirkung der Edelsteine hängt nicht davon ab, ob wir an sie glauben. Aber wenn wir Steine lieben und von ihrer Wirkung überzeugt sind, können sie mehr für uns tun. Obwohl ich direkte körperliche Auswirkungen durch Edelsteine erlebt habe, gehört meine Liebe den geistigen Auswirkungen. Ein Edelstein, der Begleiter, Schützer und Helfer ist, der in seiner Anwesenheit und Hilfe genauso real ist wie meine Schutzengel, berührt mich immer wieder. Was mich noch mehr berührt und beeindruckt, ist die Selbstlosigkeit und die Qualität des *freudigen Dienens*, die diese Kinder Gottes umgibt. Diese Energie beschämt mich und ich denke an meine steten Kämpfe, den Weg Gottes in völliger Hingabe zu gehen. Der Moosachat, auf den ich meine linke Hand in meinen Schreibpausen lege, sagt freundlich: „So seid ihr Menschen nun einmal.“

VERSTÄNDNIS FÜR DIE WIRKUNG DER EDELSTEINE

Edelsteine wirken immer, aber nicht immer können wir ihre Wirkung nachvollziehen.
Je feinfühliger wir werden, desto einfacher wird es sein. Auf unserem Weg des Wachstums begegnen uns viele Möglichkeiten, zu lernen und uns zu entwickeln. Je mehr wir uns kennen gelernt haben, je hellhöriger wir werden, umso schneller wissen wir, wie wir Steine anwenden sollen. Ich empfehle in jedem Fall Edelstein-Seminare, weil die Energie dort sehr intensiv ist und die Lernchancen groß. Probieren Sie! Lernen Sie unterschiedliche Lehrer kennen. Erfahren Sie und hören Sie, was die anderen in diesem Seminar erlebt haben. Wenn Ihnen ein Seminar nicht zugesagt hat - versuchen Sie das nächste! Bei meinen Kursen höre ich von den erstaunlichsten Erlebnissen! Ganze Geschichten werden dort erlebt. Einige Teilnehmer sehen und hören viel, andere nicht, fühlen sich aber wunderbar wohl und berichten mir manchmal, was in der Zeit danach noch alles geschehen ist.
Einer meiner Lieblingssteine für Anfänger ist der Honigcalcit, weil er so ungemein schnell wirkt. Menschen, die ihn halten, empfinden Wärme, Wohlbehagen, Befreiung, Freude am Leben, Verständnis für sich selbst und vieles mehr. Dieser Stein wirkt schnell und nachhaltig. Manche Steine wirken langsamer. Da ich in vielen Fällen Einsichten aus einer höheren Ebene gewinne, überraschte mich ein Erlebnis ganz anderer Art. Ich drückte meinem sechsjährigen Neffen einmal einen Stein in die Hand. Auf meine Bitte legte sich dieses quirlige Kerlchen sogar auf mein Sofa und schloss die Augen. Ich bat ihn, auf den Stein zu achten. Nach einer Weile sagte er: „Diese Stein macht tack - - tack - - tack - - tack." Dann gab ich ihm einen anderen. Seine Antwort: „Und der macht tack, tack, tack, tack." Ich war verblüfft und probierte sechs Steine durch, deren Energie er ähnlich beschrieb. „Darf ich jetzt gehen?" fragte er dann vergnügt. Er durfte natürlich und ich war um eine Erfahrung reicher.
Wir haben alle unsere eigene Weise, die Energie von Edelsteinen wahrzunehmen. Das ist das Schönste. Jeder Stein bringt ein neues Erlebnis und unterschiedliche Erfahrungen.

In einer Heilpraktikerschule hörte mir eine Frau stundenlang zu. Später sagte sie: „Ich saß da und dachte: Edelsteine können nicht wirken! Aber wenn diese Frau so ernsthaft darüber redet, muß doch etwas dran sein ..."
Nun hatte sie einen Sohn, Willi, vier Jahre alt. Er wollte wissen, wie es in der Schule war, und sie erzählte ein wenig. Anschließend drängte er darauf, einen Stein zu bekommen. Sie kauften einen grünen, und Willi nahm ihn mit ins Bett. Am nächsten Tag sagte er: „Mutti, ich habe von dem Stein geträumt! Und der hat gesagt: Willi, du bist ein Glückspilz!"
Ich lachte: „Aha, Sie haben einen Aventurin gekauft!" Das hatte sie. „Wissen Sie", sagte ich, „Kinder haben einen viel besseren Bezug zu ihrer inneren Stimme." Der fünfjährige Sohn eines Bekannten wählt seine Mineralien mit traumwandlerischer Sicherheit. Außerdem sagt er manchmal: „Früher, als ich groß war ..." Da ich mit Reinkarnationstherapie arbeite, wollte ich sie darauf hinweisen, dass sich Kinder noch häufig an ihre früheren Leben erinnern. Sie sah mich überrascht an und sagte dann verschämt: „Also - wir haben das ja nie ernst genommen - aber Willi sagt oft: Früher, als ich Rentner war ...!"
Die Energien der Steine sind vielfältig. Wie sie sich bei dem Anwender ins Bewusstsein bringen, ebenfalls. Ein Saphir wirkt z. B. nie so schnell wie ein Honigcalcit, dafür tiefgreifender und umfassender. Trotzdem kann ich beim ersten Tragen wichtige Erlebnisse mit ihm haben. Oft zeigt er damit, wohin er uns führen möchte.

Aber es mag Monate dauern, bis sich die Veränderung in uns verwirklicht hat. Bei einigen Steinen tritt die Wirkung sofort ein. Bei anderen kann es Wochen, Monate oder Jahre dauern, bis sie ihre Aufgabe an uns erfüllt haben. Der Padparadscha, der zu mir kam, wird vierzehn Jahre benötigen, um mit mir zu arbeiten.
Edelsteine, die wir kennen lernen möchten, sollten wir in jedem Fall drei Tage und drei Nächte bei uns tragen. Wenn wir ein Gefühl für einen Stein entwickelt haben, sollten wir uns für sechs Wochen auf ihn einlassen. Anschließend werden wir spüren, ob wir ihn leicht ablegen können oder ob wir ihn weiter tragen möchten. Nehmen Sie aber auch das nur als Hinweis, für manche Situationen und Steine sind sechs Wochen schon eine lange Zeit. Wenn es gut für Sie ist, den Stein ganz kurzfristig zu nutzen, wird er schnell uninteressant für Sie werden. Allgemein gilt: Tragen Sie einen Stein oder eine Kette lieber über einen längeren Zeitraum als zu kurz. Es gibt Steine mit schnell wirkender, scharfer, klarer, schwerer, aufbrausender, beständiger, sanfter oder ausgesprochen langsamer Energie, um nur einige Qualitäten zu nennen. Immer besitzt der Stein auch ein Energiefeld um sich herum.
Manchmal ist die Größe eines Steines wichtig oder auch die Reinheit. Für meine Praxis bevorzuge ich möglichst große Mineralien, um eine schnellere Wirkung zu erzielen. Hin und wieder wird mir ein Stein gezeigt, den ein Patient gekauft hat. Einmal war er so klein, dass ich schon meinen Mund auftun wollte um zu sagen, dass er nicht wirken könne. Da bemerkte ich, dass er sogar intensiv wirkte, *weil die Besitzerin ihn sehr liebte.* Im Allgemeinen wirken zu kleine Steine nicht genug. Andererseits gibt es natürlich Edelsteine, die nur klein zu erwerben sind, weil sie entweder nur klein „wachsen" oder größer einen für die meisten Menschen astronomischen Preis kosten. Wertvolle Edelsteine werden in Karat gehandelt. Ein Karat sind 0,20 Gramm.
Wie immer wir uns entscheiden, ist unsere ganz persönliche Wahl. Ob ich einen Stein bei mir trage oder auf mich lege, ob ich ihn ansehe oder mit ihm meditiere, auf jeden Fall wird er *wirken,* und darauf kommt es an. Edelsteine sind unsere Freunde. Wenn wir uns wirklich mit ihnen beschäftigen, *wenn wir sie lieben,* werden sich uns ihre Geheimnisse erschließen. Sie führen uns in Lernprozesse, sie begleiten uns. Mit wissenschaftlichen Methoden lassen sich ihre Energiefelder messen, ihre Schwingungen aufzeichnen. Indem wir sie lieben, werden sie unsere Helfer.
Je intensiver wir uns mit Steinen umgeben, je mehr wir über sie lernen, desto mehr öffnen sie sich. Steine lernen auch von uns. Wir dürfen das nie vergessen. So gesehen gehen wir mit jedem Stein, den wir erwerben, eine Partnerschaft ein, eine Verbindung, eine Liebe. Liebe beseelt alles. Oder, um es genauer zu sagen: alles *ist* beseelt - aber Liebe *erhöht* alles. Vor allem den Liebenden, die Liebende.

WAHL DER EDELSTEINE

Es ist einfach, den für mich passenden Edelstein zu wählen: Ich höre auf mein GEFÜHL.
Warum? Weil ich von meinem inneren Wesen her weiß, was gut für mich ist. Wir sollten uns nicht verleiten lassen, einen Stein nach der Beschreibung zu wählen! Wir wählen einen Stein - und lesen *dann* die Beschreibung! Wenn wir sie jetzt lesen, erfahren wir nämlich, in welchem Zustand wir uns gerade befinden bzw. welche Schwingung wir im Moment benötigen. Hieran erkennen wir unseren augenblicklichen Lernprozess, verstehen mehr über uns, und indem wir begreifen, dass unsere Wahl gut war, lernen wir mehr und mehr uns zu *vertrauen.*

Von großer Bedeutung ist eine andere Tatsache: Wenn wir uns auf Edelsteine einlassen, so weiß das die geistige Welt und deshalb werden wir von dort unterstützt. Die vielfältigen Hilfestellungen sehen wahrscheinlich jedes mal anders aus.

Deshalb nur ein Beispiel: Eine Freundin erzählt uns am Telefon von einem Stein. Wir achten nur halb darauf. Aber anschließend hören wir noch zweimal von diesem Stein. Spätestens jetzt sollten wir fragen: Warum? Hat das etwas mit mir zu tun? Als Anfänger sollten wir nun in ein Mineralgeschäft gehen und uns solch einen Stein zeigen lassen. Wie fühlen wir uns mit ihm? Sind wir von ihm begeistert? Fühlen wir uns abgestoßen? In beiden Fällen ist der Stein wichtig für uns. Jetzt können wir entscheiden, ob wir ihn erwerben wollen. Wenn wir nichts empfinden, ist der Stein ohne Bedeutung für uns, jedenfalls für jetzt. Manchmal lockt uns die Edelsteinwelt auch nur auf diese Weise in ein Geschäft und es wollen dann ganz andere Steine zu uns kommen.

Edelsteine sind unsere Helfer. Sie bringen sich in Erinnerung. Sie wählen dafür unzählige Wege, sind absolut erfinderisch! Das kann dahin führen, dass ein Stein durch andere Personen auf uns zukommt, durch Erzählungen, Rat oder Geschenk. Es kann sein, dass es bei uns ausgesprochen funkt, wenn wir in einem Steinebuch lesen, während andere Beschreibungen uns zwar interessieren, aber doch gleichgültig lassen. Wir können von einem Stein träumen oder seinen Namen im Traum hören. Wir können ihn irgendwo entdecken und ihn unendlich schön finden oder uns intensiv angezogen fühlen.

Darüber hinaus können wir eine Vereinbarung treffen: Wir können die Edelsteine in diesem Buch nummerieren, fügen die Begriffe BETEN und ANDERE METHODEN hinzu und numerieren auch die. Dann beten wir und fragen: „Welcher Stein ist jetzt wichtig für mich?“ und hören oder fühlen, welche Zahl uns in den Sinn kommt oder vor unserem inneren Auge erscheint. Oder wir bitten gleichermaßen um Hilfe und schlagen dann das Buch blind auf, auch so können wir „unseren“ Stein finden.

Manchmal werde ich gefragt: „Kann ich denn gar keinen Fehler machen, wenn ich einen Stein wähle?“

NEIN; weil es keine Fehler gibt. Entweder übt die Schwingung des gewählten Steines eine gute Wirkung auf uns aus oder wir sollen einen bestimmten Lernprozess durchlaufen. Dann wählen wir vielleicht einen Stein, den wir nicht länger anwenden sollen, durch den es nur etwas zu erfahren gibt. Wenn wir Steine wählen, die uns von der Energie her nicht bekommen, dann befinden wir uns in einem Prozeß, in dem wir erkennen sollen, wie wir mit uns umgehen, wo unsere Werte und Beurteilungen liegen und anderes mehr. Wenn wir uns in tiefster Depression befinden, kann es sein, dass wir einen Stein wählen, der uns noch tiefer in unsere Depression treibt. Vielleicht so weit, dass dann das erlösende Moment einsetzen kann, wo es wieder lichter in uns wird oder wir Hilfe annehmen können. Auch ein „falscher“ Stein läßt etwas Sinnvolles in uns geschehen.

Vertrauen wir unserem Gefühl! In all den Jahren habe ich erst dreimal erlebt, dass jemand Steine wählte, die wie von einem grauen Nebel umgeben waren, und auch das hatte natürlich seinen Sinn. Ich gehe in jedem Fall davon aus, dass Edelstein-Interessierte eine gute Wahl treffen. Die Steine, die ausgesucht werden, entsprechen immer dem gegenwärtigen Zustand der Person. Manchmal erkenne ich, daß nicht der schnellste Weg zum Ziel gewählt wird. Das beobachte ich hin und wieder in meinen Seminaren.

Ich sah einmal, dass jemand für einen Durchbruch der Gefühle Pyrit brauchte. Diese Person wählte Rosenquarz - VERTRAUEN. Anschließend fragte sie aber: „Welchen Stein würden Sie mir jetzt empfehlen?“ Hier hatte sie sich erst mit einer Schwingung des Vertrauens umgeben, bevor sie einem intensiveren Lernschritt ins Auge sehen wollte. Wie weise!

Folgendes Erlebnis hat mich sehr beeindruckt: Eine Frau kam mit ihrer Schwester und ihrer Schwägerin in ein Seminar. Sie hatte weder Therapieerfahrungen noch konnte oder wollte sie über ihre Gefühle reden. Ich spürte,

dass ich sie gewähren lassen sollte. Am ersten Tag suchte sie sich vier Steine aus: Rosenquarz, Hämatit, Malachit und Pyrit. Auf SIE wirkten diese Steine im Sinne von Vertrauen, Mut, Kraft und Trost sowie Durchbruch.
Mit jedem Stein begab sie sich in die Energieschwingung, die ich erzeugen kann und die ohnehin intensive innere Prozesse bewirkt. Am nächsten Tag entschied sie sich noch einmal für Pyrit - Durchbruch. Jetzt weinte sie, wollte aber nicht über ihre Gefühle sprechen. Dann wählte sie Amethyst und erkannte die Hintergründe ihrer Trauer. Danach griff sie zum Rosenquarz (Vertrauen) und anschließend zum Aventurin (Glück). In der Schwingung des Vertrauens und später des Glücks erkannte sie, dass es keinen wirklichen Grund zur Trauer gab und sie sich und anderen vergeben konnte für die Erinnerung, die sie an diesem Wochenende verarbeitet hatte, für das Erlebnis damals und die Gefühle.
Sie berichtete nur, dass sie überrascht wäre, dass dieses Erlebnis überhaupt noch einmal aufgetaucht war, denn sie hatte es für abgeschlossen gehalten, für nicht mehr wichtig. Sei beendete das Seminar in einem Gefühl großer Erleichterung und spürte Glück und Frieden. Faszinierend aber war, dass sie absolut folgerichtig und ohne Zögern die Steine gewählt hatte, die sie gut und sicher durch ihren Lernprozess geführt hatten. Sie hatte ihrem GEFÜHL vertraut.
Wie intensiv ihre Arbeit an sich gewesen war, erkannte ich durch meine Hellsichtigkeit. Für sie ging es um das Thema Kinder im jetzigen Leben, aber ihre Trauer war der Schmerz um das *Verlieren* von Kindern in früheren Leben. Hier saß auch ihre Angst, darüber zu sprechen, insbesondere vor ihren Familienangehörigen, die karmisch daran beteiligt gewesen waren. Ich bin immer wieder überrascht und dankbar, wie die Edelsteine uns helfen, unsere Wunden auf sanfte Weise zu heilen!
Vertrauen wir also unserer Wahl, vertrauen wir unserem Gefühl!
Wenn wir unsicher sind, können wir die Verbindung zu unserem Gefühl stärken, indem wir einen in Frage kommenden Edelstein an unser drittes Auge halten (Stirnmitte, gleich über der Nasenwurzel) oder an unser geistiges Herz (Herzhöhe und Mitte des Körpers). So spüren wir vielleicht eher, welchen Stein wir wählen sollten.
Überhaupt ist es für uns wichtig, unserer inneren Stimme trauen zu lernen. Das gilt nicht nur für die Wahl des passenden Edelsteines, sondern für unser gesamtes Leben. Wir leben an unserer Aufgabe, unserem Weg, unserem Glück vorbei, wenn wir nicht gelernt haben, unsere innere Stimme zu verstehen, wenn wir nicht gelernt haben, mit dem Licht, mit Gott oder den Engeln zu reden. Leider wird das in unserer Gesellschaft noch nicht gelehrt, so wie uns rechnen und schreiben beigebracht wird. Wenn wir den Umgang mit unseren Gefühlen schon aufrichtig in der Schule lernen könnten, wenn wir dort erfahren würden, dass es eine innere Stimme für jeden Menschen gibt und wie segensreich es ist, auf sie zu hören, dann hätten wir keine Schwierigkeiten in Politik und täglichem Leben. Wer in sich das Gesetz des Karma erlebt, wird kaum jemals ein Verbrechen begehen können, nicht einmal die kleinen indirekten, von denen wir so gerne hoffen, dass sie nicht zählen. (Sie zählen sehr!)
Nichts sollte uns wichtiger sein als unsere geistige Entwicklung. Alles andere in unserem Leben ergibt sich dann folgerichtig. Wenn wir über Jahrzehnte nicht gelernt haben, nach innen zu hören, dann können wir auch nicht erwarten, dass uns das nach einem Selbsterfahrungsseminar gelingt. Der Weg nach innen ist eine Aufgabe. Für den direkten Kontakt zu unserem geistigen Wesen, zu unserem inneren Licht bedarf es der Schulung. Das kann Jahre dauern. Es kann viele Seminare kosten, viel Geduld und Übung. Wir sollten darum beten und bitten. Aber jede Mühe lohnt sich! Später werden wir sagen: Ohne diesen Kontakt war ich nichts. Jetzt ist mein Leben sinnvoll.
Setzen Sie also alles ein, um das zu schulen, was wir Gefühl nennen. Es wird Ihr Leben verändern, es wird Sie verändern. Portale werden vor Ihnen aufgerissen, die Weite und das Licht blenden Sie, jede Hilfe wird Ihnen

gewährt. Sie erkennen sich und Gott. Im ganz normalen Alltag heißt das: Es gibt nichts mehr zu fürchten, wenn Sie auf Ihre innere Stimme hören. Das Leben wird freudig und spannend, weil Sie jetzt erst bemerken, wie das Licht Sie in jedem Moment begleitet und mit Ihnen kommuniziert. Sie sind nie mehr einsam oder wirklich verzagt. Das Leben ist zu einem Abenteuer geworden.

Eine sehr gängige Art, Edelsteine für sich auswählen zu wollen, ist das Pendeln. Hier warne ich. Die Pendelenergie wird meistens falsch verstanden. Sofern ich nicht genau weiß, welche Energie durch das Pendel zu mir spricht und zu welchem Zweck, sofern ich nicht genau geklärt habe, ob das Pendel zu meinem Besten reagiert und wo und wie ich es einsetzen kann, sollte ich diese Praktik meiden. Wer pendelt, sollte das als vorübergehenden Lernprozess ansehen und sich bewusst sein, daß er zum Zweck des Lernens häufig fehlgeleitet werden oder empfangene Impulse falsch auslegen kann.
Hier ein Beispiel, das nichts mit dem Pendel zu tun hat, aber sehr passend ist: Zu Beginn meines spirituellen Entwicklungsprozesses sagte mit eine Kartenlegerin, ich würde in drei Jahren heiraten. Das machte mich glücklich. Ich hoffte auf eine erfüllte Beziehung und das half mir zu dem damaligen Zeitpunkt. Ein Jahr später erfuhr ich durch ein anderes Medium, dass ich in zwei Jahren heiraten würde. Endlich! Das war ein lebenslanger Wunsch gewesen und durch die doppelte Bestätigung glaubte ich es nun wirklich. Da ich mich in einer sehr schwierigen und schmerzhaften Entwicklungsphase befand, tröstete mich die Voraussage sehr. Die Zeit verstrich. Als sie fast vorüber war, überfielen mich wieder Zweifel. Ich betete innig. Die Hochzeit findet in sieben Wochen statt, hörte ich. Sieben Wochen! Ob ich den Mann schon kannte? Ob ich mich so kurzfristig zu entscheiden wagte, wenn ich ihn noch nicht kannte? Tausend Fragen überfielen mich. Drei Wochen später war noch immer kein Mann in Sicht. Ich war schon ganz verzagt. Da hörte ich auf meine Frage nach dem Hochzeitstermin: 7. Juni. Der Juni begann. Allmählich ließ ich die Botschaft los. War es nur geschehen, um mir Mut zu machen, als ich ihn bitter benötigte? Inzwischen ging es mir so gut, dass ich eine Beziehung nicht mehr dermaßen dringend ersehnte. Ich war glücklich mit mir und konnte den wirklichen Zeitpunkt abwarten. Konnte ich das? Enttäuschung war da und Zweifel. Ich vertraute zwar, aber wie sollte ich von *ganzem Herzen* vertrauen, wenn auf solche Botschaften kein Verlass war?
Der 7. Juni kam heran. Eine Frau, die ich während eines Radiance-Seminars kennen gelernt hatte, besuchte mich. Sie besaß die Fähigkeit, Licht zu erzeugen, eine Qualität, die ich damals noch nicht kannte, und sie behandelte mich eine halbe Stunde lang. Während dieser Energiearbeit sah ich mich im Licht. Jesus - als strahlende Lichtgestalt - kam auf mich zu und reichte mir seine Hand. Zusammen standen wir vor Gott, dem Höchsten Licht. Gott segnete unseren Bund.
Erst Tage später begriff ich die Größe dieses Erlebnisses, das wirkliche Geschenk. „Die Heilige Hochzeit" hatte stattgefunden. Ganz nebenbei erkannte ich auch die Wahrheit der damaligen Botschaften. Ich hatte zum versprochenen Zeitpunkt meine Hochzeit erlebt - nur anders, als ich *dachte.* Unser DENKEN, unsere VORSTELLUNGEN und unser WOLLEN sind auch das Einzige, was uns bei der richtigen Wahl von Edelsteinen hindern kann. Hören wir auf unser Herz, unser Gefühl, erbitten wir Hilfe - und der für uns wichtige Edelstein wird zu uns kommen.
An dieser Stelle möchte ich betonen, dass es nicht nötig ist, viele Steine zu besitzen. Wer Edelsteine liebt und ihrem Erwerb Vorrang in seinem Leben gibt, wird allmählich auf eine Sammlung blicken können. Aber ein intensiver Wachstumsprozess ist schon mit nur sechs Steinen zu erreichen, die - bis auf zwei vielleicht - auch noch alle zu den leicht erschwinglichen gehören. Hier empfehle ich den Kauf von einem Bergkristall, ungefähr finger-

groß, einem Zitrin und Amethyst in ähnlicher Größe, einem Diopsid als Vermittler für andere Steineenergien und zwei Steinen, zu denen wir uns über lange Zeit extrem hingezogen fühlen oder die sich sehr deutlich aufdrängen. Einer davon sollte zu den so genannten großen gehören. Wenn er uns unerschwinglich scheint, bitten wir auch hier den Diopsid um Vermittlung. Von den Steinen, die wir dann besitzen, erwählen wir einen zu unserem ganz persönlichen Helfer.
So ausgerüstet, können wir über Jahre hinweg die Energien der Edelsteine nutzen und großes Wachstum erreichen. Edelsteine sind für jeden da. Sie kommen auch zu denen, die über wenig Geld verfügen. Denken Sie daran, dass allein das Lesen einer Steinebeschreibung Ihr Herz öffnen kann und in jedem Fall etwas bewirkt, selbst wenn Sie den Stein dann nicht erwerben. Das Gleiche kann bei der Betrachtung eines Fotos geschehen.
Und lassen Sie sich nicht durch die Aufzählung der Steine und Schwingungen in diesem Buch verleiten, fast alle Steine kaufen zu wollen, falls Sie das können. Einige werden Sie gar nicht finden, weil sie nicht zu Ihnen wollen. Steine machen sich bemerkbar. Natürlich können Sie viele herrliche Steine besitzen, wenn das Ihr Weg und Ihre Freude ist. Aber prüfen Sie sorgfältig. Bitten Sie die Edelsteinwelt um Hilfe. Danach können Sie sich eigentlich gemütlich zurücklehnen und abwarten, welche Steine auf Sie zukommen. Überprüfen Sie allerdings auch Ihre Bitte. Ein an die Edelsteine gerichtetes „Ich möchte jetzt einen Stein. Macht mal, dass er kommt?“ ist keine Bitte, sondern eine Forderung. Können Sie bitten? Und danken? Dann geht es weiter. Sagen Sie nie: „Die Beschreibung ist ja toll! *Den* Stein möchte ich haben!“ Fragen Sie: „Welcher Stein entspricht mir und meiner jetzigen Lebenssituation? Nach welchem Stein kann ich Ausschau halten?“ Vielleicht hören oder sehen Sie etwas auf Ihre Frage. Vielleicht nicht. Aber Sie können sicher sein, daß Ihnen bald „Ihre“ Steine begegnen werden.

EDELSTEINKAUF

Wenn wir Edelsteine lieben, möchten wir einige besitzen. Der Kauf von Edelsteinen ist Vertrauenssache. Daher ist es sinnvoll, die Steine in einem Fachgeschäft zu erwerben. Unter Fachgeschäft verstehe ich Läden oder Firmen, die sich hauptsächlich mit dem Verkauf von Mineralien und Edelsteinen beschäftigen.
Häufig sind die Edelsteine ausgeschildert. Wir finden Namen, oft Fundort und Preis. Bei loser Ware ist es schon schwieriger. Hier sollen wir dem Urteil des Verkäufers trauen.
Aber: Nicht immer weiß die Verkaufskraft wirklich Bescheid! Viele geben sich nicht einmal Mühe. Manche Verkäufer interessieren sich nicht dafür, wie der Stein heißt, sie wollen ihn nur verkaufen. Es ist unglaublich, wie viele Märchen hier erfunden werden.
Nun gut, das müssen wir einfach WISSEN. Wenn wir das wissen, werden wir vorsichtig sein. Wir entwickeln ein Gefühl, wo wir glauben können und wo nicht. Durch gezielte Fragen finden wir sehr schnell heraus, ob die Bedienung qualifiziert ist.
Was mich betrifft, so kaufe ich am liebsten in Fachgeschäften und in Firmen, die ich kenne. Hier zahle ich manchmal höhere Preise als anderswo, aber ich kann weitgehend sicher sein, dass ich wirklich den Stein bekomme, den ich haben will, keinen ganz anderen oder Glas oder einen synthetischen Stein. Andererseits werde ich durch die Edelsteine immer wieder so geführt, dass ich neue Erfahrungen sammeln kann und unterschiedliche Firmen kennen lerne.
Ansonsten kaufe ich gern auf Mineralienbörsen. Die Menge und der Vergleich gefallen mir. Außerdem kann man mit etwas Glück Edelsteine sehr preiswert erwerben. Aber auch hier gilt: Es gibt Experten unter den Verkäufern

und andere, die kaum je einen Stein in der Hand gehalten haben. Daher ist Vorsicht geboten. Am sichersten sind wir immer dann, wenn der Stein selbst uns eine Botschaft gibt. Dann mag es zwar ein anderer sein als ausgeschildert, aber wir wissen, dass und wie er bei uns wirkt. Wieder müssen wir uns auf unser GEFÜHL verlassen.
Auf der Börse können wir auch sehr seltene Steine finden. Die entdecken wir manchmal auch in ausgesprochenen Mineralienläden und in einigen Firmen in Idar-Oberstein. Sprechen Sie die Firmen immer an. Wagen Sie etwas. Die meisten Firmen verkaufen offiziell nur an Großhändler - aber viele haben auch ein Herz für Sammler!
Wenn ich nach einem besonderen Stein suche, dann lasse ich mich nie mit einem Nein abspeisen. Ich frage immer: Wissen Sie, wo ich so einen Stein, so eine Kette finden könnte? Das kann mir ein weiteres NEIN einbringen, aber meistens bringt es mir neue Adressen.

Wenn ich mir etwas Gutes tun möchte, gehe ich in ein hervorragendes Juweliergeschäft. Ich suche mir im Schaufenster ein Stück aus, von dem ich glaube, dass man es mir preislich gerade noch zutraut. Dann bitte ich darum, mir dieses Stück zu zeigen.

Wir müssen Edelsteine nicht immer „besitzen“. Eine wichtige Lektion der Edelsteine ist ohnehin, dass wir sie nie wirklich besitzen, selbst wenn wir sie gekauft haben. Edelsteine sind frei und sie haben ihre eigenen Gesetze über ihr Kommen und Gehen.

Ich trage eine bleibende Erinnerung an mindestens ein Dutzend Edelsteine in meinem Herzen, die ich für kurze Zeit in der Hand halten durfte oder im Museum sah. Sie sind mir unvergesslich. Sie wirken noch in mir. Nach meinem Tode treffe ich sie wieder.

Juweliere mit einer besonderen Liebe zu Edelsteinen zeigen ihre besten Stücke gern. Wenn sie in ihrem Gegenüber diese Liebe spüren - und vielleicht sogar noch Sachkenntnis -, holen sie die seltensten Steine aus dem Tresor.

Bei den meisten ist der Preis dann gar nicht mehr wichtig. Mir wurde schon oft ein Stein gezeigt, bei dem der Juwelier wusste, dass ich ihn nie erwerben würde. Aber einen solchen Stein in der Hand halten zu dürfen ist ein Geschenk *und er wirkt!* Er wirkt durch seine Qualität, seine Schönheit, seine Größe, seine Ausstrahlung - *und er bleibt in uns.*

Manchmal empfehle ich, sich erst die besten Steine anzusehen, um ein Gefühl für die Energie eines Steines zu entwickeln, und sich dann einen preiswerten zu kaufen.

Edelsteine sind lebende Wesen. Letztlich ist der Kauf nie ein Problem, weil Edelsteine am besten wissen, zu wem sie wollen. Eigentlich wählen sie uns, nicht wir sie. Deshalb ist es nur eine Frage der Offenheit, dass wir sie finden.

EIGENSCHAFTEN DER EDELSTEINE

Farben

Die Farbe eines Edelsteines beeinflusst uns ebenso wie die Zusammensetzung. Sie macht einen Teil seines Wesens aus. Während bei den übergeordneten Mineralien (siehe ENERGIEBESCHREIBUNG) jede Farbe eine besondere Aufgabe und Botschaft repräsentiert, spielt bei den übrigen Steinen die Farbe eine mehr untergeordnete Rolle. Der Calcit wirkt immer als Calcit. Je nach Farbe kommt dann noch eine besondere Schwingung hinzu. Daher kann man sagen:

ROSA hat immer mit Herzöffnung zu tun und symbolisiert die ganzheitliche Liebe.
GRÜN bedeutet Heilung und Verbindung zur Natur.
GELB ist mit dem Prinzip der Sonne und des Lichtes verbunden. Auch der Sonne und des Lichtes in *uns.*
ROT bedeutet Lebensenergie, Lebenskraft und irdische Liebe.
BLAU steht für Erkenntnis und geistiges Wissen.
LILA verbindet mit Höchster Geistigkeit.
SCHWARZ unterstützt innere Einkehr und Verbindung.
WEISS erinnert an Freude und Licht, an Vollkommenheit und Glück.

Die Farbe eines Edelsteines hängt ab von den farbgebenden Substanzen in der Natur, natürlichen oder künstlichen Brennvorgängen, künstlicher Einfärbung oder künstlicher Bestrahlung. Damit sind die wesentlichsten Einwirkungen genannt. Und diese Einwirkungen beeinflussen auch die Auswirkungen eines Steines.
Je intensiver wir uns mit Edelsteinen beschäftigen, umso mehr Erfahrungen sammeln wir. Wir lernen.
Wenn wir Edelsteine lieben, lieben wir auch die Farbenvielfalt. Jede Farbe beeinflusst uns und wir werden auch beeinflusst von der Wahl der Plazierung. Häufig wird empfohlen, bestimmte Farbsteine den entsprechenden Chakras zuzuordnen. Die Zuordnung der Chakren (Energiezentren) ist folgende:

Basis-Chakra	Rot
Milz-Chakra	Orange
Solarplexus-Chakra	Gelb
Herz-Chakra	Grün und Rosa
Kehl-Chakra	Blau (eher hell)
Stirn-Chakra	Blau (eher dunkel)
Scheitel-Chakra	Violett

Natürlich ist es empfehlenswert, dieses System zu erproben. Zu gewissen Zeiten unseres Lebens erfahren wir viel Kraftzuwachs und Reinigung, wenn wir auf jedes Energiezentrum den passenden Farbstein legen.
Für mich ist es aber wesentlicher, in die *Tiefe* zu blicken. Eine Frau, die von der erwähnten Farbzuordnung gehört hatte, bat mich um einen blauen Stein für das Kehl-Chakra, weil sie dort eine Blockade heilen wollte, um besser singen zu können. Ich erkannte jedoch, dass diese Blockade nur durch einen roten Stein gelöst werden konnte. Sie hatte sich das Singen verboten, weil sie ein Erlebnis nicht geheilt hatte, in dem es um *Liebe* ging. Damit sie es wagen konnte, ihre Liebe besser fließen zu lassen, benötigte sie einen Rubin, den sie sechs Wochen trug. Danach war ihre Stimme kraftvoller und schöner. So lautet mein Rat wiederum: Wer die Fähigkeit noch nicht besitzt, diese Zusammenhänge erkennen zu können, verlässt sich auf sein GEFÜHL.
Wenn wir uns zu einer Steinart besonders hingezogen fühlen und davon mehrere Exemplare im Haus haben, empfehle ich über mindestens eine Woche hinweg folgenden Versuch: Legen Sie auf jedes Chakra einen von diesen Steinen für etwa zwanzig Minuten oder länger, reinigen Sie die Steine anschließend und praktizieren Sie

das ein- bis mehrmals täglich. Nicht alle Steine sind dafür geeignet. Wir beginnen vorzugsweise mit Bergkristallen, Aventurinen oder Honigcalciten. Benötigt werden sechs bis sieben Steine (das Scheitel-Chakra können wir auslassen). Falls wir uns z. B. für Honigcalcite entscheiden und sie auf einer Börse kaufen, wird uns das vielleicht 25-40 Euro kosten und wir haben mit ihnen Freunde gewonnen, die uns einen Sonnenurlaub in unserem Bett bescheren.
Wir können auch viele unterschiedliche Steine auflegen. Doch manchmal denke ich, wir sollten uns lieber auf einen Edelstein *ganz* einlassen! Oder auf wenige. Wählen Sie also sehr bewusst, aber experimentieren Sie auch manchmal. Beschränken Sie sich in jedem Fall auf *einen* Stein, wenn Sie ihn näher kennenlernen wollen.

Formen

Die natürliche Formenvielfalt bei Mineralien und Edelsteinen ist unendlich groß. Wenn wir Edelsteine erwerben, wählen wir zwischen Rohsteinen und behandelten. Behandelte Steine sind z. B.:

Trommelsteine: Steine, die in Trommeln mit Schleifmitteln tage- bis monatelang bewegt werden, um ihre scharfen Kanten zu verlieren; sie werden auch Handschmeichler genannt.

Facettierte Steine: Edelsteine, die sorgfältig geschliffen und mit präzise angeordneten Facetten (geschliffene Flächen) versehen werden, um die höchste Brillanz zu erzielen.

Cabochons: Schmucksteine, die an ein halbiertes Ei oder eine halbierte Kugel erinnern.

Manche Rohsteine werden in ihrer Form nachgeschliffen, z. B. Kristalle. Andere werden zu Kugeln, Tropfen, Figuren, Eiern, Rechtecken, Pyramiden und allen möglichen Fantasieformen verarbeitet. Die Form eines Edelsteines kann seine Auswirkung durchaus beeinflussen. In diesem Buch befassen wir uns aber mit dem Wesen der Edelsteine, und das wird durch eine Form erst einmal nicht verändert.
Es gibt Menschen, denen Edelsteine nur in ihrer ursprünglichen Form gefallen. Das finde ich schade. Unser Herz wird geöffnet durch Schönheit. Sei es die Schönheit der Liebe - oder die eines Steins. Ein wunderbar geschliffener Edelstein strahlt Vollendung aus, Reife und Vollkommenheit. Wenn er von bester Qualität ist, hat er sein höchstes Ziel erreicht, er lebt SEINE Vollkommenheit. Durch das Facettieren machen Menschen seine Vollkommenheit sichtbar - und das öffnet bei anderen Menschen das Herz. Wie oft hat mich die Schönheit eines Edelsteins schon ergriffen und mein Herz so tief berührt, dass ich weinen musste. Es gibt Edelsteine von solch erhabener Schönheit, dass allein ihr Anblick oder ein kurzes Anfassen in uns etwas verändern. Ja, es gibt sogar Steine, die ich vor Tausenden von Jahren in der Hand hielt - und bis heute nicht vergessen habe!
Aber ich kann mich auch erinnern, daß es Leben gab, wo wir Edelsteine derart veränderten, dass von ihrem Wesen nichts mehr übrig blieb, dass wir sie benutzt haben, um Menschen und Tiere zu zerstören. Hier wurde die (innere) Kristallstruktur beeinflusst und gewissermaßen programmiert. Die Steine wurden als winzige Kügelchen unter der Haut oder in Adern geschoben und bewirkten den rapiden Zerfall von Zellen. Aufsteigende Erinnerungen an derartige Manipulationen waren so schmerzhaft für mich, dass ich sofort krank wurde. Obwohl ich das Entsetzen heilen konnte, bleibt immer noch die schockierende Gewissheit, dass wir heute an vergleichbaren Versuchen arbeiten. Auch wenn dafür selten Edelsteine eingesetzt werden.

Ich kann aus ständiger Erfahrung von mir und anderen Menschen sagen, dass wir uns für jeden Eingriff in beseeltes Leben unendlich schuldig fühlen, sogar über viele Leben hinweg und selbst dann, wenn wir zum damaligen Zeitpunkt der Meinung waren, unsere Manipulationen seien gerechtfertigt und sinnvoll. Dieses innere Entsetzen, das maßlose Gefühl von Schuld und der Zwang, sich dafür bestrafen zu wollen, ist im Menschen so groß, dass er unzählige Wege findet, sich in diesem Leben klein zu halten, sich vielfältig zu quälen und vor allem nicht glücklich zu sein.
Wir können alle Erlebnisse aus früheren Existenzen heilen. Das erfordert zwar Mut und wird in jedem Fall schokkieren, wenn es sich um so traumatische Erlebnisse handelt wie diese, aber unser Leben verändert sich dadurch. Wir werden freier, wir werden heiler und stehen mehr auf zu unserer Größe. Es ist bezeichnend, dass ich mich bis vor kurzem nicht mit der Veränderung von Edelsteinen in bestimmte Formen beschäftigen wollte. Unbewusst hatte ich immer diese Erlebnisse vor Augen, wo wir Edelsteine derart missbraucht haben.
Es gibt Bücher, in denen fast nur auf die natürlichen oder künstlichen Formen und angeblichen Wirkungen eingegangen wird. Mir sträuben sich dabei immer die Haare. Ob das berechtigt ist oder nur Erinnerung an grauenvolle Menschheitsgeschichte, kann ich noch nicht sagen.

Fundstätten

Die Energie der Edelsteine wird auf vielfältige Weise beeinflusst. Obwohl, als Beispiel genommen, alle grünen Turmaline vom Wesen her gleich sind, tragen sie Informationen über ihr Herkunftsland in sich und somit über das Karma eines Landes sowie über die Art und Weise, wie man sie förderte und behandelte.
Grüne Turmaline, die in Afrika gefunden wurden, bringen daher noch die Qualität des Durchhaltens und des Erduldens mit, der Kraft und der Stärke. Ähnliche Turmaline aus Brasilien dagegen weisen eine lebhaftere Energie auf und vermitteln zusätzlich ein Gefühl von Lebensfreude, des Lachens und der Leichtigkeit.
Auch die negativen Anteile eines Landes sind in den Steinen enthalten. Die afrikanischen Turmaline beinhalten eine Schwingung von Fatalismus, die brasilianischen eine der Oberflächlichkeit. Ob diese Eigenschaften in uns wirken, hängt davon ab, welche Schwingungen wir für unseren Lernprozess gerade benötigen.
Ich habe auch Steine gereinigt, die eine starke Ausstrahlung von Hass besaßen. Hier waren Gefühle von Arbeitern gespeichert, die diese Steine schlugen, förderten oder sammelten und sich extrem ausgenutzt fühlten.
Grundsätzlich kann man sagen, dass in einem Stein alles gespeichert ist, was die Erde ausmacht. Denn Steine sind ein Teil des GANZEN - und sie wissen das. Sie bringen also nicht nur das Karma „ihres" Landes mit, sondern das Wissen der ganzen Erde. In diesem Gesamtwissen sind nicht nur die Informationen der Erde gespeichert, sondern auch all ihrer Bewohner - Pflanzen, Tiere und Menschen.
Hier müssen wir unseren Denkprozess erweitern. Die Wissenschaft hat inzwischen erkannt, dass alles ENERGIE ist, und in dieser Energie sind wir alle EINS. Was mich betrifft, so habe ich unglaublich viele meiner früheren Leben aufgearbeitet: und eines Tages fragte ich mich nicht mehr, ob es sich bei einer Erinnerung nun wirklich um MEIN Leben, MEINE Erinnerung handelte oder um Anteile am menschlichen Gesamtkarma - ich erlöse sie und erkenne den Lernprozess für mich.
In Bezug auf Edelsteine bedeutet das: Ein einziger Stein kann in sich die Gesamtinformationen der Erde und der Menschheit bergen - und falls es meinem Weg entspricht, kann ich von einem einzigen Stein alles lernen, was lernenswert ist. Hier kommt es nur auf die Verbindung an, die ich zu dem Stein habe und er zu mir. Obwohl ich

immer empfehle, die unterschiedlichsten Mineralien zu besitzen, rate ich aber darüber hinaus auch, einen Stein als einen so genannten *persönlichen Edelstein* auszuwählen. Dieser Stein sollte Freund und Helfer sein, weitreichender als die anderen. Ein solcher Stein wird sich ganz auf unsere Schwingungen einstimmen. Hierdurch wird es uns möglich, seine Botschaften besser zu verstehen. Er speichert sämtliche Informationen über uns, um sie uns gegebenenfalls zu spiegeln. Daraus lernen wir. Wichtig ist, daß wir diesen Stein nicht in andere Hände geben. Wenn er ganz auf uns eingestimmt ist, stören andere Informationen nur. Mit ihm können wir auch alle anderen Steine sicherer wählen.

Metalle

Wenn wir Edelsteine für Ringe, Anhänger, Broschen usw. fassen lassen, beeinflusst uns auch das benutzte Material. Das Metall kann die Auswirkungen eines Steines verstärken oder mildern. Gold hat immer mit dem Prinzip der Sonne, der Wärme und des Lichtes zu tun, Platin symbolisiert Ausdauer und Zähigkeit, Silber Weisheit, Titan sorgt für Durchhaltevermögen, Kupfer verleiht Nachgiebigkeit, Bronze heilt Aggressivität, um nur einige Beispiele zu nennen.

Bei der Wahl der edlen Metalle fragen wir die zu fassenden Steine um Rat oder hören auf unser Gefühl. Wir sollten auch nicht dem Irrtum verfallen, daß ein winziges Stück Bronze unser Leben verändert. Hier geht es um Prinzipien und Schwingungen. Wollte ich wirklich durch Bronze große Veränderungen erfahren, dann müsste ich mich schon in eine intensive und über Jahre anhaltende Bronzeschwingung begeben. Aber vorher sollte ich meine geistigen Helfer fragen, ob das erstrebenswert für mich ist.

Härtegrade

Edelsteine und Mineralien können von relativ weich (und somit nicht sehr widerstandsfähig) bis zu sehr hart in Erscheinung treten. Der härteste Stein ist mit Abstand der Diamant. Natürlich hat die Härte eines Steines einen Einfluss auf seine Auswirkungen. Je härter ein Stein ist, desto intensiver und zielstrebiger treibt er unsere Lernprozesse voran. Darüber hinaus interessiert uns die Härte für die Entscheidung, wie wir einen Stein tragen sollten. Extrem weiche Steine sollten wir nie zu Ringen fassen lassen, sie würden nach kurzer Zeit unansehnlich werden oder könnten springen. Für Ringe eignen sich Steine am besten, die so hart wie möglich sind. Bei Anhängern und Broschen ist das nicht mehr ganz so wichtig. Natürlich können wir auch einen weichen Stein fassen lassen, wir sollten uns dann nur bewusst sein, dass seine Schönheit leiden mag - er aber weiter wirkt. Im Fachhandel wird das nicht als Problem gesehen, dort setzt man neue Steine ein oder poliert die unansehnlichen. Für uns ist das aber vielleicht eine Frage des Geldes.

Es gibt eine Härteskala, von dem Mineralogen Friedrich Mohs erstellt, die so genannte Mohs'sche (Ritz-) Härteskala. Sie unterscheidet Härtegrade von 1 bis 10. Talk z. B. mit der Nummer 1, ist mit dem Fingernagel schabbar, und über „mit Kupfermünze ritzbar" und „mit Messer leicht bzw. noch ritzbar" geht die Liste weiter. Diese Unterscheidungen wurden früher viel benutzt, als man noch keine modernen Messgeräte kannte. Für uns sind die Härtegrade 7 bis 10 besonders wichtig:

Härtegrad:	Beispiele:
10	Diamant
9	Rubin, Saphir
8,5	Alexandrit, Chrysoberyll
7,5-8	Aquamarin, Smaragd, weitere Berylle
7,5	Uwarowit
7-7,5	Grossular, Turmalin
7	Amethyst, Zitrin, Bergkristall, Aventurin

Alle Steine unter dem Härtegrad 7 sollte man eigentlich nicht für Ringe verwenden. Zu beachten ist auch, dass in der Luft winzige Quarzpartikelchen enthalten sind, und somit können Malachit mit Härte 3,5 - 4 und Fluorit mit 4 schon durch Liegen an der Luft matt werden. Niemand sollte uns andererseits hindern, weiche Steine als Ring fassen zu lassen, wenn wir das starke Bedürfnis verspüren.
Wir müssen uns nur bewusst sein, dass ein Hauyn beispielsweise schon beim Fassen springen kann, er auf bestimmte Art und Weise gar nicht gefasst werden darf und wenn, dann nur von einem Goldschmied, der mit diesen Steinen Erfahrungen besitzt. Wir sollten auch wissen, dass der Stein vielleicht nicht lange bei uns bleiben wird, wenn wir den Ring normal tragen. Es besteht aber die Möglichkeit, derart empfindliche Steine beispielsweise nur nachts zu tragen und ausgesprochen selten tagsüber und dann mit entsprechender Vorsicht.
Goldschmiede mit Erfahrungen in diesen Arbeiten gibt es in jedem Fall in Idar-Oberstein oder Sie fragen die Goldschmiede-Innung.
Manchmal finden wir solche Raritäten wie in Ringe oder Anhänger gefasste Hauyne auf Mineralienbörsen. Gerade für derartige Sonderfälle lohnt sich ein Besuch von Edelstein- und Mineralienmessen.

Weitere Eigenschaften

Es gibt noch andere Eigenschaften, die für die Bewertung oder das Tragen von Edelsteinen wichtig sein können, wie Reinheit, Seltenheit, Sprödigkeit, Spaltbarkeit, besondere Empfindlichkeit und mehr. Wer sich für Edelsteine interessiert, sollte auch diese Seite der Steine beachten. Es sind hervorragende Edelstein- und Mineralbücher auf dem Markt zu finden, die uns dabei helfen.
Ich würde auch immer Kurse empfehlen, um Edelsteine besser kennen zu lernen. Abgesehen von Seminaren über das Wesen der Steine und ihre Auswirkungen, gibt es die Möglichkeit von Gemmologiekursen (z. B. in Idar-Oberstein, Universitäten oder entsprechenden Instituten).
Die Gemmologie oder Edelsteinkunde ist die Wissenschaft von den Edelsteinen. Diese Kurse festigen unser Wissen über die Steine, geben uns ein Gefühl für sie und helfen uns, sie zu unterscheiden. Hinzu kommt, dasssolch ein Kurs immer auch Auswirkungen auf unser spirituelles Wachstum hat.
In den Kursen, an denen ich teilgenommen habe, wurden große Mengen Anschauungsmaterial herumgereicht, d. h. ich befand mich viele Stunden am Tag in der Energie von Edelsteinen und das über vierzehn Tage hinweg. Die Menge und die Dauer bewirken enormes Wachstum. Ich kann diese Seminare nur empfehlen!

Künstliche Edelsteine

Es wurde immer versucht, Edelsteine nachzuahmen. Diese Imitationen wurden oft aus Glas hergestellt, aber es gibt noch andere Materialien. Rekonstruierte Steine sind solche, die durch das Zusammenfügen von natürlichen Abfallprodukten (Mineralienabfall, oft zu Pulver vermahlen) und künstlichen Materialien (Klebstoffe, Farbe usw.) erschaffen werden. Korallen und Türkise werden gern durch dieses Verfahren nachgeahmt und in vielen Ländern als echte Steine verkauft. Allen ist gemein, daß sie mit Edelsteinen nichts zu tun haben.
Bei den so genannten synthetischen Steinen handelt es sich um Produkte, die von Menschen geschaffen wurden, aber ihre chemische Zusammensetzung, ihre Kristallstruktur und ihre physikalischen Eigenschaften stimmen weitgehend mit einem echten Edelstein überein.
In jedem Fall werden diese Produkte künstlich hergestellt. Sie besitzen nicht die geistigen Eigenschaften von Edelsteinen. Bestenfalls erfreuen sie das Auge und zeugen von der Findigkeit der Menschen.

ENERGIEBESCHREIBUNG UND EDELSTEINGRUPPEN

Edelsteine besitzen unterschiedliche Schwingungsfelder. Man könnte fast sagen: unterschiedliche Temperamente. Mit diesem Hintergrundwissen wurden die Edelsteine in diesem Buch gekennzeichnet. Die Energiebezeichnung geht von 1 bis 3. Einige Edelsteine stehen außerhalb dieser Einteilung. Wir unterscheiden:

3 Hier handelt es sich um sehr erdverbundene Steine, sie wirken fast immer schnell,

2 sind Mittler zwischen den Welten,

1 diese Steine sind mit der Höchsten Lichtenergie verbunden.

Außerhalb dieser Zuordnung stehen:

Saphir, Smaragd, Rubin als Ausdruck für Vollkommenheit,

Brillant als Symbol für Absolute Vollkommenheit,

Tansanit als Symbol für Lernprozesse jenseits von Vollkommenheit.

Die Paraiba-Turmaline bezeichnen sich als Engel der Neuzeit.

Warum nun diese Einteilung? Alle Steine mit der Energiebezeichnung 3 sind eng mit der Materie verknüpft. Sie brauchen gewissermaßen den direkten Kontakt zu den Menschen oder wirken in der Erde.
Steine mit der Energiebezeichnung 2 wirken unmittelbar auf die Erde und am Menschen, besitzen aber einen

größeren Schwingungsradius. Sie beeinflussen die Atmosphäre dieses Planeten weitreichender und werden darum in der Zukunft noch eine größere Wichtigkeit einnehmen.
Die Steine mit der Bezeichnung 1 repräsentieren die Höchste Lichtenergie, d. h. sie sind in jedem Fall mit Engeln oder anderen wichtigen Wesenheiten verbunden, die an der Reinigung dieser Erde arbeiten und unser persönliches Leben sehr beeinflussen (selbst dann, wenn wir die Steine in Schränken aufbewahren und nicht tragen).
Die Schnelligkeit, mit der die Edelsteine wirken, hat nichts mit dieser Einteilung zu tun. Ebenso wenig beeinflusst sie unseren persönlichen Prozess in der Anwendung. Diese Informationen sind für spätere Zeiten bestimmt, wenn der Zustand der Erde kritischer wird und sich die Menschheit auf die Möglichkeiten des Edelsteinreiches besinnt und deren Hilfe für eine große Reinigung und Veränderung der Schwingungen dieses Planeten erbittet.
Die Auswirkungen des Saphirs, Smaragds und Rubins betreffen uns allumfassend, denn diese Steine vertreten übergeordnete Energien. Sie befähigen uns, unsere Lernprozesse auf diesem Planeten zu bewältigen, ohne die Hilfe anderer Steine in Anspruch nehmen zu müssen. In ihnen zusammen sind die Eigenschaften aller anderen Steine enthalten. Das sollte uns aber nicht verleiten, auf die Hilfe der übrigen Steine zu verzichten! Viele der anderen Steine wirken ungleich schneller. Die Wirkung tritt gewissermaßen sofort ein.
Die genannten drei dagegen setzen eine überraschende Wirkung in Gang. Sie sind auf eine ganzheitliche Veränderung in uns bedacht. Sie wirken zwar mit Beginn der Benutzung, ihre tatsächliche Einwirkung bleibt uns aber oft verborgen - wir *wachsen einfach* - und wir führen das selten auf diese Steine zurück.
In Momenten der Verzweiflung jedoch, ist es viel sinnvoller, nach einem Rosenquarz, einem Dravit oder einem anderen Stein zu greifen, der uns innerhalb weniger Minuten trösten kann. Daher sollten wir auch keinen der „einfachen" Steine unterschätzen - sie sind die direkten Helfer in unserem Leben (sofern wir uns durch Steine helfen lassen wollen).
Je intensiver unser Bezug zur Schöpfung wird, je näher wir uns Gott fühlen, umso wichtiger werden allerdings seine ganzheitlichen Helfer Saphir, Smaragd und Rubin. Das ist etwas, was Sie selbst erleben sollten. Die Lernprozesse gehen tief.
Der Brillant schließlich, als Ausdruck Absoluter Vollkommenheit, beinhaltet die Kraft und die Energie aller Steine und bewirkt in uns Großes, *wenn wir ihn als Lehrer akzeptieren.*
Tun wir das nicht, kann er uns dramatische Lernprozesse bescheren. Er verstärkt alle Energien in uns. Akzeptieren wir ihn als Lehrer, wird er uns zwar unsere dunklen Seiten deutlich vor Augen führen, aber er tröstet und hilft zugleich.
Allerdings liegt seine Hilfe immer in der *schnellsten* Auflösung aller Hindernisse in uns, und das kann anfangs auch recht schmerzhaft sein. Dann aber wird es leichter und wir sind deutlich gewachsen. Darüber hinaus bietet er uns den höchsten Schutz.
Wer ihn nicht als Lehrer anerkennen kann, wird sich unter Umständen verhärten, weil er gegen seine Wirkung heimlich ankämpft, und daraus ergeben sich vielfältige Schwierigkeiten für das Leben der Trägerin oder des Trägers. Da er alle Eigenschaften verstärkt, verstärkt er auch solche wie Hass, Eifersucht, Neid und mehr.
Wenn wir uns aber zu einem Brillanten hingezogen fühlen, sollten wir ihn vertrauensvoll erwerben. Wir haben dann eine innere Vereinbarung getroffen, die zu unserem Besten dient, ob wir das nun wissen oder nicht. Der Brillant wird uns auch immer nur das zu verarbeiten geben, was wir gut bewältigen können.
Er mag uns sogar zuflüstern: „Besorge dir einen Analzim, den brauchst du im Moment." Oder: „Eine Hessonitkette würde dir jetzt am schnellsten helfen. Vertraue."
Eine ganz andere Stellung nimmt der Tansanit ein. Seine Aufgaben gilt es erst noch zu verstehen. Eines ist jeden-

falls gewiss: Wenn wir alles erreicht haben, was wir als Menschen erreichen können, - geht der Lernprozess weiter!
Je eher wir uns mit einem ständigen Lernprozess befreunden und nicht immer denken, wir wären gleich „angekommen", umso besser und leichter für uns. Das Leben, unsere Entwicklung, ist Liebe, ist Freude, ist Glück, ist aber auch fortwährendes Lernen. Ein ewiges Abenteuer!
Gott ist mit uns! Was wollen wir mehr?

Die Paraiba-Turmaline sind die ersten einer ganzen Serie von Steinen, die noch „entdeckt" werden. Als „Engel der Neuzeit" sind diese Steine berufen, den Planeten Erde für die Menschheit zu erhalten. Sie sind große Helfer. Sie erwecken das Gefühl in uns, dass es sich wirklich lohnt, die Erde als *Wesen* zu sehen, als *lebendiges Wesen.* Ein Geschöpf Gottes, das sich eine große Aufgabe aufgebürdet hat, um zu wachsen. Wir jedoch bekämpfen es, wir wollen es bezwingen! Wann endlich *erkennen* wir die Erde? Wann sind wir *er-wachsen*? Wir haben der Erde vieles abzubitten. Sie bringt sich nur in Erinnerung durch das, was wir als Katastrophen bezeichnen, sie ist jederzeit bereit, uns zu helfen.
Gibt sie uns nicht Schutz und Nahrung? Wir aber sagen: Nein danke, wir sterben lieber!
Edelsteine in ihrer unendlichen Weisheit und als direkte Kinder dieser Erde, werden uns helfen zu überleben. Und nicht nur das, sie werden uns helfen, unser Geburtsrecht zu erkennen und erhaben zu gestalten: GLÜCK und FREUDE - *im Einklang mit Gott und diesem Planeten.*

Wichtig ist noch, daß auch die Mineralogie bestimmte Edelsteine in Gruppen zusam menfaßt. Dabei handelt es sich um Mineralien, die eine gleiche oder ähnliche chemische Zusammensetzung aufweisen. Auch die Härte ist in den meisten Fällen gleich. So gibt es die Gruppe der Korunde, Berylle, Granate, Quarze und so weiter. Im Laufe der Zeit wurde mir deutlich, daß diese Klassifizierung auch etwas über die geistigen Eigenschaften der Steine, aussagt, daß bei mineralogischen Ähnlichkeiten auch bestimmte Ähnlichkeiten in der Schwingung spürbar sind. Alle Edelsteine unterstützen uns auf unserem Weg zur Entfaltung der Ganzheitlichen Liebe, und jeder einzelne repräsentiert eine ganz persönliche Aufgabe und Botschaft. Darüber hinaus gibt es aber gewisse Gemeinsamkeiten für bestimmte Edelsteingruppen.

Hier zeigt sich z. B.:
Die Diamanten sorgen für klarste und schnellste Entwicklung unserer Gesamtpersönlichkeit. Wir wachsen mit ihnen am deutlichsten, werden diesen Prozess aber auch stellenweise als schmerzhaft empfinden.
Korund-Gruppe (Rubin, Saphir, Padparadscha und farbige Saphire): Diese Gruppe ist mit dem Prinzip der Ganzheitlichen Liebe sehr eng verbunden. Alle genannten Steine unterstützen unser Wachstum in Liebe auf eine ganz besondere Weise und unsere Verbindung zu Gott ebenfalls. Ihre absolute Geradlinigkeit wird von uns oft als Strenge empfunden. Wir entwickeln uns sehr schnell mit ihnen.
Steine der Beryll-Gruppe (Smaragd, Aquamarin, Morganit, Heliodor, Goldberyll, Bixbit, Goshenit) verströmen eine sanfte Energie, führen uns aber gleichzeitig mit höchster Zielstrebigkeit in eine großartige spirituelle Entwicklung. Sie sind ganz besondere Freunde der Menschen und erleichtern uns unseren Weg, soweit sie können.
Die Spinelle vertreten unterschiedliche Aufgaben. Was sie verbindet, ist eine große Zielstrebigkeit.
Topase demonstrieren das göttliche Feuer. Lernprozesse mit ihnen erschüttern immer unser Herz. Wir sind zutiefst berührt. Dadurch verändern wir uns schnell.

Alle bis hier genannten Steine treiben uns in unserer Entwicklung so eilig vorwärts, dass wir sie anfangs unbedingt mit ganz erdigen Steinen verbinden sollten, die sehr schnell wirken und eine Energie von Vertrauen, Trost und Wärme ausstrahlen. Während die schon erwähnten Steine nichts Besseres für uns erreichen wollen und sehen können als eine schnellstmögliche Entwicklung, für die es alles zu wagen gilt, sorgen die im folgenden Text aufgeführten Steine gewissermaßen für einen irdischen Ausgleich. Man könnte auch sagen: Während die ersten nur auf Gott schauen, sind die letzteren mit der Materie vertrauter und bieten geniale Soforthilfe in allen irdischen Schwierigkeiten. Bildlich gesprochen: Die so genannten großen Steine repräsentieren eine erhabene Engelwelt, die nur beschäftigt ist, Gott zu loben, und die anderen sind die emsig tätigen Engel im Vorder- und Hintergrund. Beide gilt es zu lieben, zu achten und zu ehren und für ihre Hilfe zu danken. Von tiefer Dankbarkeit sollten wir auch erfüllt sein für die unglaubliche Vielfalt der Energien, die sie uns für unser Wachstum zur Verfügung stellen, und für die uns gegebene Möglichkeit zur Wahl. Als *große* Steine bezeichnen wir die bis hierher genannten und alle ungewöhnlich kraftvollen.

Die Granat-Gruppe ist mit dem Prinzip der irdischen Liebe und des Aufbaus verbunden, ihre Steine vermitteln immer Kraft und Zuversicht. Zu ihr gehören: Pyrop, Rhodolith, Almandin, Spessartin, Grossular, Hessonit, Leukogranat, Andradit, Tsavolith, Demantoid, Melanit, Topazolith, Uwarowit.
Zirkone führen uns in umfassende Reinigungsprozesse: Hyazinth (gelbrot bis rotbraun/braun), Starlit (blau), Jargon (gelb bis farblos) sowie grüne (Tiefzirkon) und violette Zirkone.
Alle Turmaline strahlen sehr viel Leichtigkeit und Wärme aus. Hier unterscheiden wir Verdelith (grün), Rubellit (rosa bis rot), Indigolith (blau), Dravit (braun), Schörl (schwarz), Siberit (violett) und Achroit (farblos). Paraiba-Turmaline nehmen eine Sonderstellung ein.
Die Spodumen-Gruppe ist mit dem Prinzip der Gebenden Liebe verbunden. Sie lehrt Hingabe an die Menschheit. Zu ihr gehören Spodumen, Kunzit und Hiddenit.
Die gesamte Quarz-Gruppe zeigt sich als eine sehr erdige Helferschaft. Sie verbindet immer mit der Erdkraft in uns und aktiviert Mut und Freude am Leben. Da sind: Bergkristall, Rauchquarz, Amethyst, Ametrin, Amethystquarz, Zitrin, Prasiolith, Rosenquarz, Aventurin grün/orange, Blauquarz, Falkenauge, Tigerauge, Chalzedon, Onyx, Karneol, Sarder, Chrysopras, Heliotrop, Moosachat, Achat, Jaspis, Holzstein, Giraolquarz, alle Opale und mehr. Wir erkennen Quarze an der Formel SiO_2 oder $SiO_2\ nH_2O$.
Jadeit, Chloromelanit und Nephrit strahlen Ruhe und Gelassenheit aus. Serpentin besitzt eine ähnliche Schwingung. Alle zusammen werden meistens unter dem Begriff Jade verkauft.
Die Feldspat-Gruppe umgibt eine Energie von Freude und Sanftheit. Zu ihr gehören Amazonit, Mondstein, Orthoklas, Labradorit, Spektrolith und Sonnenstein.
Die meisten anderen Edelsteine nennt man eigenständige Mineralien. Sie gehören keiner Gruppe an, die bestimmte Eigenschaften repräsentieren. Von der Härte dieser einzelnen Steine können wir auch auf einen Teil ihrer Aufgaben schließen: Je härter ein Stein ist, umso intensiver und zielstrebiger nimmt er normalerweise Einfluß auf unsere Entwicklung - falls wir es erlauben.

Übergeordnete Eigenschaften, die sich aus der chemischen Zusammensetzung erkennen lassen, sind mir noch nicht bekannt. Hier werden sich einmal Chemiker finden, die ihrem geistigen Weg und dieser Aufgabe so verpflichtet sind, dass sie entsprechende Zusammenhänge herausstellen werden. In der Homöopathie und bei den Blütenessenzen des Dr. Bach werden Einzelmittel zu Gruppen zusammengefasst, weil sie bestimmte Ähnlichkeiten in der Wirkung aufweisen. Das wird sich auch bei Edelsteinen zeigen. Damit ist aber nicht eine Klassifizierung gemeint, die die Bedeutung des Auswirkungen einschränkt (z. B. „die und die Steine sind bei Husten gut"), sondern eine Gruppierung, die übergeordnete Prinzipien aufzeigt (z. B. „alle XY-Verbindungen bewirken ein schnelleres Aufgeben von Leidenwollen, weil diese Verbindungen auf die Weise auf Menschen einwirkt").

Ich bin Mates, ein Hüter der Edelsteine.
Dieses Buch ist entstanden zur Freude der Menschen.

Es ist ein Geschenk Gottes für mutige Taten und alles einsetzende Liebe zum Licht. Es ist ein Geschenk für eine Person und doch für alle, die einen Weg suchen zu Gott. Es wurde für die geschrieben, die sich nach Licht und Wahrheit und Leben verzehren und die die überfließende und allumfassende Liebe Gottes spüren sollen.

Entstanden ist es auch für jene, die Zweifel und Ängste in ihren Herzen tragen, damit sie erhoben werden in Ebenen, wo nur Freude und Liebe zählt.

Schließlich wollten wir denen ein Geschenk bereiten, die die Edelsteine lieben und als Kinder Gottes sehen.

Die Edelsteinwelt grüßt alle Menschen als Juwelen Gottes und wünscht ihnen beim Lesen ihrer Botschaften ein Aufsteigen in das Licht. Mögen die Menschen an diesem Buch Gefallen finden.

ACHAT

KRAFT

Der Achat gibt Kraft und stärkt unseren Glauben an das Leben. Er erdet und verbindet uns mit dem Prinzip ERDE.

Obwohl er - wie alle Edelsteine, alle Wesen - mit der Allmacht Gottes verbunden ist, hat er sich ganz der Erde übergeben. Kein Stein auf unserer Erde bringt uns so schnell in irdisches Gleichgewicht wie er. Seine Kraft, seine Ausdauer, seine Stärke übertragen sich auf uns. Sein Zutrauen, sein Vertrauen in das Wesen unseres Planeten ist beispielhaft. Der Achat sagt: „Ich gebe mich der Erde ganz, und die Erde liebt und trägt mich. Ich gebe mich den Menschen ganz, und ich stärke sie. Dabei bin ich eins mit Gott, denn Gott ist mit ALLEM."

Dieses Zutrauen schenkt er uns. Das Leben wird leichter, wir beginnen immer wieder neu.
Der Achat ist ein vorzüglicher Stein für körperliche Ebene.

Achat:	*KRAFT - ZUTRAUEN - HEIMAT*
Zusammensetzung:	SiO_2
Härte:	*7*
Farbe:	*grau, braun, rötlich, schwarzbraun*
Fundorte:	*ehemals Idar-Oberstein, überwiegend Brasilien und Uruguay*

Besonderes: Musterung und Farben der Achate sind vielfältig. Sie werden allerdings auch häufig gefärbt (z.B. grün, blau, rot). Dabei handelt es sich oft um Scheiben so genannter Drusen, das sind Gesteinsknollen, ausgefüllt mit Mineral- und Kristallschichten. Obwohl uns diese Stücke erfreuen können, sollten wir in jedem Fall ein ungefärbtes besitzen.

Energie-Zuordnung: *3*

ADAMIN

STÄRKE

Dieser Stein zielt direkt auf die körperliche Ebene. Er vermittelt uns Kraft und Stärke.

Am Herzen getragen, werden wir uns nach Krankheiten schnell besser fühlen. Wir können die Erfahrungen der Krankheit gezielt verarbeiten und in unseren Wachstumsprozess integrieren.

Wichtig für die kommende Zeit.

Adamin:	*STÄRKE*
Zusammensetzung:	$Zn_2[OH/AsO_4]$
Härte:	*3,5*
Farbe:	*meist grün, auch weiß, gelb, rosa*
Fundorte:	*Frankreich, Griechenland, Chile, Namibia, Mexiko*

Energie-Zuordnung:	*2*

ALEXANDRIT

Freude am Leben

Mit diesem Stein tritt Freude in unser Leben, wenn wir bis dahin zu streng zu uns waren. Der Alexandrit erinnert an unseren Ursprung und unseren Lebenszweck: GLÜCK.

Er gibt denen Hoffnung, die am Leben verzweifeln. Er stärkt sie und erinnert stetig an das Licht. Er beweist, dass das Leben nicht so ist, wie es scheint - indem er unter bestimmten Bedingungen seine Farbe wechselt. Er lächelt. Er ist eins mit Gott. Das strahlt er aus - unscheinbar, wie er aussieht.

Alexandrit:	*HOFFNUNG UND GLÜCK*
Zusammensetzung:	$BeAl_2O_4$
Härte:	*8,5*
Farbe:	*bei Tageslicht grün, bei Kunstlicht rot*
Fundorte:	*Ural, Sri Lanka (Ceylon), Rhodesien (Simbabwe), Brasilien*

Besonderes: Ein guter Alexandrit gilt als der teuerste Edelstein der Welt. Steine für 100 Euro sind sehr klein und unscheinbar im Farbwechsel, reichen aber für unsere Zwecke aus. Brillante Steine werden kaum noch gehandelt.

Energie-Zuordnung: *1*

AMAZONIT

FRISCHE - LINDERUNG - AUFATMEN

Der Amazonit ist ein kraftvoller Stein für die körperliche Ebene. Er heilt Schmerzen und Entzündungen und er weigert sich dort zu heilen, wo es nicht seine Aufgabe ist.

Der Amazonit ist für die Neuzeit sehr wichtig. Wesentliche Aufgaben erschließen sich uns noch.

Amazonit:	*ERFRISCHUNG*
Zusammensetzung:	$K[AlSi_3O_8]$
Härte:	*6 - 6,5*
Farbe:	*grün, blaugrün, türkis*
Fundorte:	*Russland, USA, Südwestafrika, Madagaskar, Brasilien*
Energie-Zuordnung:	*2*

AMETHYST

WEISHEIT

Glaube an die Gegebenheiten des Lebens. Ein Stein des Glaubens. Der Amethyst klärt unsere Vorstellungskraft und unser Verständnis für Gott. Dieser Stein bringt uns näher zu Gott, weil wir intuitiv erfassen, wer oder was Gott ist. Ein Stein des Glaubens, weil unser Vertrauen gestärkt wird durch das unbewusste Verständnis der Gottesenergie. Es ist kein einfacher Edelstein. Wer sich auf ihn einlässt, wird wachsen, und das in einer Weise, die viel mit Verantwortung zu tun hat. Gott zu folgen heißt: Die volle Verantwortung für mich, für mein Leben, mein Tun zu übernehmen. Das schließt auch ein, mich für andere Menschen und für die Welt verantwortlich zu fühlen, denn meiner inneren Stimme zu folgen heißt immer, die Lösung zu finden, den Weg zu gehen, der für mich und damit für die GESAMTHEIT optimal ist. Das ist nicht immer der Weg, den mein Ego, mein Wollen gehen möchte. Auf die Welt zu hören - auf die wahren Wünsche und Bedürfnisse der Welt und ihrer Bewohner - verlangt Risiken von uns, hauptsächlich das Risiko, den INNEREN Weg zu gehen, die optimale Lösung für ALLE. Der Amethyst in seiner strengen Schönheit ist eine Herausforderung an unsere Fähigkeit und Bereitschaft, zu glauben. In der Ernsthaftigkeit und Intensität wird er nur noch vom blauen Saphir übertroffen. Ein guter Stein für die körperliche Ebene.

Amethyst:	*WEGE ZU GOTT*
Zusammensetzung:	SiO_2
Härte:	*7*
Farbe:	*hell- bis dunkelviolett*
Fundorte:	*Brasilien, Uruguay, Madagaskar*

Besonderes: Es gibt Mineralien, die in Gesteinsknollen, sogenannten Drusen oder Geoden, auskristallisieren. Hier haben sich Flüssigkeiten in Hohlräumen gesammelt und wurden zu Mineralien. Der Amethyst ist ein bekannter Vertreter dieser Erscheinung. Amethyste, die erhitzt („gebrannt“) werden, können ihre Farbe verändern. Sie werden gelb (Zitrin), grün (Prasiolith) oder farblos. Dem Amethyst wird nachgesagt, dass er Kopfschmerzen lindert oder Migräne heilt. Das ist eine Verallgemeinerung. Bestimmte Kopfschmerzen können unter seinem Einfluss nachlassen, aber nur, wenn ein innerer Kampf aufgegeben wurde, die Ursache für die meisten Kopfschmerzen. Zu behaupten, dass er Trunksucht heilt, wie das so oft getan wird, empfinde ich als zu einseitig. Ein wunderschöner Stein für das Herzzentrum.

Energie-Zuordnung: *1*

AMETHYSTQUARZ

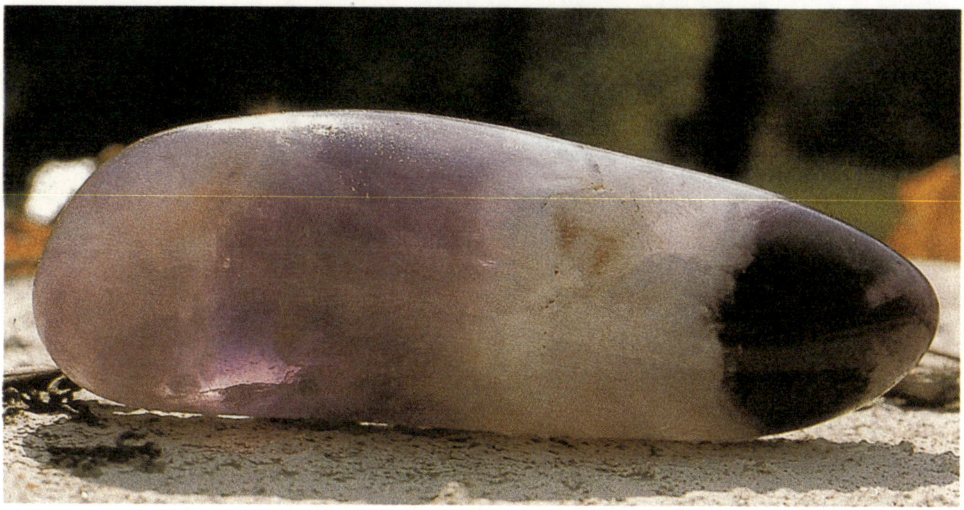

Prioritäten setzen

Der Amethystquarz ist ein sehr praktischer Stein. Er hilft Prioritäten zu setzen. Er weiß, was uns gut tut, und bringt das in unser Bewusstsein.

In seiner Kraft und geistigen Fähigkeit hat er sich ganz dieser einzigen Aufgabe gewidmet, denn er möchte den Menschen helfen, mit ihren Energien sinnvoller umzugehen. Wir verschwenden Zeit, Wissen und Fähigkeiten, wir verschwenden uns. Den Steinen blutet das Herz. Der Amethystquarz hat die Aufgabe übernommen, uns an das Wesentliche zu erinnern, damit wir das Wesentliche im Alltag tun können. Das schenkt Ruhe und Befreiung und setzt Energien frei für neue Aufgaben.

Amethystquarz:	*PRIORITÄTEN*
Zusammensetzung:	SiO_2
Härte:	*7*
Farbe:	*violett mit Weiß*
Fundorte:	*Brasilien, Madagaskar, Südwestafrika, USA*
Energie-Zuordnung:	*2*

AMETRIN

Freiheit - Streben nach Vollendung

Je weiter wir kommen, desto einfacher werden wir. Dieser Stein möchte uns sagen: „Verbinde dich! Gehe Verbindungen ein, die gottgewollt sind. Verlasse dich nicht auf deinen Verstand oder deine Wünsche. Erforsche dein Herz und frage, was Gott für dich bereitet hat. Es gibt keine größere Gnade als die, nach Gottes Willen leben zu können. Lasst euch nicht beeinflussen von denen, die eure Wünsche aktivieren wollen, die davon ausgehen, dass alles Streben erfüllt werden kann. Es kann. Aber tut es dir gut? Gott sieht weiter. Leg Ihm deine Wünsche dar, erbitte Seinen Segen und bitte Ihn, nach SEINEM Willen für dich zu handeln.

Unsere größte Freiheit ist es, unseren Willen wissentlich und vollkommen Gott zu unterstellen. Der Ametrin hilft uns, das zu erkennen. Er erweckt das Wissen um Macht und das Verstehen, von ihr loslassen zu wollen. Er lehrt Frieden und das Verständnis für die Liebe. Er beinhaltet Sonne und Mond, Liebe und Liebe (Liebe und Liebe) und unser Streben nach Gott. Wenn wir ihn tragen, erfüllen wir ein Gebot der Erkenntnis: Liebe ist nichts anderes als die Reinheit des Herzens. Liebe ist die Blüte der Vollendung. Sie durchleuchtet unser Herz und zeigt uns Schwingungen darüber hinaus.

Ein Stein für Erleuchtete.

Ametrin:	*ERLEUCHTUNG*
Zusammensetzung:	SiO_2
Härte:	*7*
Farbe:	*zweifarbig violett/gelb, d. h. halb Amethyst, halb Zitrin*
Fundorte:	*Brasilien, Bolivien*

Energie-Zuordnung:	*1*

ANALZIM

Feuer und Zärtlichkeit

Der Analzim ist ein zäher, sehr ausdauernder Stein. Diese Eigenschaften gibt er dem Menschen. Gleichzeitig erfüllt er uns mit Liebe zu uns selbst.

Er ist ein Stein der Neuzeit. Er hilft uns, vorwärts zu schreiten und unsere Aufgaben zu erfüllen, wenn wir verzagt sind. Er sagt: „Du schaffst es. Halte durch. Es ist einfacher, als du denkst. Vertraue auf deine Fähigkeiten. Verbinde dich mit Gott. Liebe dich. Alles wird gut."

Wenn wie den Stein benutzen, sind diese Sätze unser Motor. Je häufiger wie ihn anwenden, desto einfacher wird das Leben.

Analzim:	*FEUER UND ZÄRTLICHKEIT*
Zusammensetzung:	$Na_2[Al_2Si_4O_{12}] \cdot 2H_2O$
Härte:	*5,5*
Farbe:	*blass-rosenrot, z. T. mit Katzenaugeneffekt, weiß(lich), gelblich*
Fundorte:	*St. Andreasberg/Harz, Sizilien, Südtirol, Böhmen, neuerdings in Südafrika, dort teils mit Katzenaugeneffekt.*
Energie-Zuordnung:	*2*

ANDALUSIT

Wege erkämpfen

Wer sich zu diesem Stein hingezogen fühlt, ist ein Kämpfer. Die wunderbare Eigenschaft des Andalusits besteht darin, dass er den Wunsch zu kämpfen noch verstärkt, und zwar so intensiv, dass sich der Kämpfende (die Kämpfende) endlich so unwohl fühlt, dass er über den Sinn von Kämpfen nachdenken *muss*.

Wer aber wahrhaft über diesen Zwang nachdenkt, wird immer erkennen können, dass Kampf zerstörerisch ist und stets auf uns zurückfällt. Wir sind nie zum Kampf geboren, wie wir geglaubt haben. Vielleicht sollten wir in einem Leben Kampf kennen lernen, aber nur, um ihn einsichtig aufgeben zu können. Unser Weg ist der Weg der Liebe. Das schließt letztendlich jeglichen Kampf aus.

Mit dem Andalusit dürfen wir spüren, wie sehr wir gegen unsere Natur leben, wenn wir auf Kampf beharren.

Andalusit:	*STARRSINN UND KAMPF SPÜREN*
Zusammensetzung:	$Al[AlSiO_5]$
Härte:	*7,5*
Farbe:	*bräunlich, grünlich*
Fundorte:	*Brasilien, Sri Lanka (Ceylon), Kanada, Spanien, Ural, USA*

Energie-Zuordnung:	*3*

ANDRADIT (Granat)

Beständige Kraft - Feuer der Liebe

Mit diesem Stein gewinnen wir unser Leben neu. Obwohl er unscheinbar wirkt, besitzt er eine enorme Kraft, die sich nie erschöpft. Es ist, als wolle er uns vorwärts drängen, hin zum Licht. Als wolle er sagen: „Beeilt euch! Ich bin ungeduldig zu sehen, wie eure Entwicklung wird. Hier, benutzt mich, damit ihr schneller wachsen könnt!“

In seiner bedingungslosen Liebe für *unseren* Weg ist er ein Beispiel für wirkliche Nächstenliebe. Seine Selbstlosigkeit kann uns erschüttern. Große Dinge und Veränderungen können sich unter seinem Einfluss entwickeln. Vertrauen wir in sein Beispiel.

Andradit:	*VORWÄRTS!*
Zusammensetzung:	$Ca_3Fe_2^{3+}[SiO_4]_3$
Härte:	*6,5 - 7*
Fundorte:	*Böhmen, Schweden, Russland, USA, Mexiko*

Energie-Zuordnung:	*1*

APFELKORALLE

Leichtigkeit - Freude - Kapriziös

Die Apfelkoralle bringt Farbe in unser Schwingungsfeld. Sie ist zeitweise geeignet für Menschen, die das Leben zu ernst nehmen. Die Energie von Leichtigkeit und Freude ist verbunden mit einer gewissen Sprunghaftigkeit, ja Launenhaftigkeit. Wer nicht weiß, was kapriziös ist, kann sich hier in dieser Energie erleben.

Menschen, die zu dieser Veranlagung neigen, sollten diese Koralle meiden. Allen anderen kann sie Lehrer sein und zu gewissen Zeiten des Lebens sein und zu gewissen Zeiten des Lebens Freund. Allgemein eine Schwingung, die wir nicht übertreiben sollten.

Apfelkoralle:	*KAPRIZIÖS*
Zusammensetzung:	*$Ca[CO_3]$*
Härte:	*3,5*
Farbe:	*wie reife Äpfel: rötlich mit Gelblich und Braun*
Fundorte:	*Pazifik*

Energie-Zuordnung:	*3*

APOPHYLLIT

Freude für unser Herz

Ein Stein, der die Wunden der Erkenntnis heilt. So stellte er sich bei einem meiner Patienten vor und so wirkt er auch. Er ist der Wahrheit sehr verbunden und hilft uns, sie zu erkennen. Aber gleichzeitig tröstet er. Eine Wahrheit ist nur dann schmerzlich, wenn unser Ego sie nicht wissen will, wenn unser Ego zu stark ist. Wir können nur Illusionen verlieren, nie uns. So hilft der Apophyllit, sich mit uns selbst zu verbinden, denn unter aller „Wahrheit" liegt unser göttlicher Kern. Wahrheit an sich ist befreiend, ist gut, ist unsere einzige Chance. Was wir in Wirklichkeit fürchten, ist nie die Wahrheit, sondern das Verlieren von Illusionen. Wer bereit ist, seine Illusionen aufzugeben, wird immer seine Wahrheit finden, was gleichbedeutend ist mit seiner KRAFT.

Die genaue Wirkung des Apophyllits hängt zu einem geringen Maß auch noch von seiner (Pastell-)Farbe ab.

Apophyllit:	*ZUVERSICHT*
Zusammensetzung:	*meist* $KCa_4[(F,OH)/(Si_4O_{10})_2] \cdot 8H_2O$
Härte:	*4,5 - 5*
Farbe:	*farblos, rötlich, gelblich, grünlich, bläulich, weiß*
Fundorte:	*Brasilien, Indien, Europa, USA, Mexiko*
Energie-Zuordnung:	*3*

AQUAMARIN (Beryll)

WEITE - VERSINKEN IN TIEFE

Mit dem Aquamarin ist uns ein Freund zur Seite gestellt, der in völlig selbstloser Weise unser Bestes will. Er überprüft unseren Lebensweg auf unnachahmliche Weise: „Mensch“, würde er sagen, „liebe mit der Kraft, lausche den Himmelschören und verstehe, dass Gott dich umgibt und dein Leben lang begleitet. Woher du kommst, wohin du gehst - an deiner Seite ist immer nur Gott. Vertraue deinem Urteil, lausche Gottes liebevoller Beratung und gib dich Ihm ganz hin. Verstehe, dass du Mensch bist und doch ganz göttlich. Zeige dich würdig vor Gott.“

Der Aquamarin gehört zu den wahrhaft großen Steinen, die mit Menschen eine besondere Aufgabe haben. Er unterstützt unser Wachstum energisch, aber er tut es auf eine so leichte und verständnisvolle Art, dass wir zutiefst berührt sind. Diesem Edelstein öffnen wir unser Herz sehr schnell und so kann er in unserer Tiefe wirken. Seine Beschwingtheit und heitere Ausstrahlung täuschen uns manchmal über seine Bestimmung hinweg: den Menschen einen Weg ins Licht zu ebnen, sie durch Lernprozesse hindurch zur Befreiung, durch Schmerz zur Freude zu führen.

Der Aquamarin, als großer Freund der Menschen, sendet unentwegt eine Schwingung von Vertrauen aus, Vertrauen in die Unendliche Weisheit Gottes, in die Allmächtige Liebe, und er lässt uns verstehen, dass ein Erdenleben Freude ist. Der Aquamarin in seiner liebenden Güte umfängt uns, wiegt uns, lächelt und verspricht: „Ich bin bei dir. Ich hüte dein Wachstum. Vertraue mir, und ich werde alles für dich erreichen können.“

Aquamarin:	*HEITERKEIT UND TIEFE*
Zusammensetzung:	$Be_3Al_2[Si_6O_{18}]$
Härte:	*7,5 - 8*
Farbe:	*hellblau, blau*
Fundorte:	*Brasilien, Madagaskar und weltweit*

Besonderes: Aquamarine sollten die Farbe des Meeres besitzen, am besten Blau. Grünliche Steine sollte man eher als Berylle bezeichnen. Wenn sie ein schönes Hellgrün zeigen, sind es schon Smaragde. Aquamarine werden gebrannt, um ihre Farbe zu vertiefen. Bevorzugt wird ein schönes, natürliches Blau.

Energie-Zuordnung: *1*

ARAGONIT

Wandlungsfähigkeit

Der Aragonit ist vielfältig. Einerseits beschleunigt er unsere Lernprozesse, andererseits erinnert er uns an innere Verhaftungen, die wir noch nicht lösen sollten, weil die Zeit noch nicht reif ist. Dann mahnt er uns zur Eile - und strahlt doch Ruhe aus. Er ist ein sehr ernster Stein und trotzdem kann uns ein Kichern überkommen, wenn wir auf seine Botschaften lauschen. Er nimmt sich selber nicht zu ernst, und auch das vermittelt er uns.

Ein starker Heilstein, der noch weit unterschätzt wird.

Aragonit:	*WANDLUNG*
Zusammensetzung:	*$Ca[CO_3]$*
Härte:	*3,5 - 4*
Farbe:	*verschiedenfarbig*
Fundorte:	*Spanien (Aragonien), Marokko*

Besonderes: Aragonite können sehr unterschiedlich aussehen. Manche Steine sind wunderbar kristallisiert. Andere werden aus großen Schichten gebrochen und wirken gestreift. Aus diesen werden die meisten Ketten hergestellt.

Energie-Zuordnung: *3*

AVENTURIN, GRÜN (Quarz)

Glück

Der Aventurin schenkt uns Glück und Erfolg. Warum? Weil er uns mit dem Wissen um unsere Lebensaufgabe verbindet und der Gewissheit, dass wir sie erfüllen können - wenn wir nur wollen. Wir sind erst glücklich, wenn wir in Einklang mit unserer Aufgabe leben.

Der Aventurin ist ein Stein, der uns zielstrebig an unsere Berufung heranführt, obwohl diese uns nicht immer bewusst wird, wenn wir mit dem Stein arbeiten. Er ist nur verantwortlich für das bewusste oder unbewusste Erkennen: Ich schaffe es. Und das genau ist es, was uns so glücklich macht. Aus dieser Energie heraus werden wir auch erfolgreich sein.

Ein wichtiger Stein für die körperliche Heilung!

Aventurin, grün:	*GLÜCK UND ERFOLG*
Zusammensetzung:	SiO_2
Härte:	*7*
Farbe:	*zartgrün bis dunkelgrün, wenig schillernd*
Fundorte:	*Indien, Brasilien, Russland*

Energie-Zuordnung: *3*

AVENTURIN, ORANGE (Quarz)

Loslassen von Ehrgeiz

Dieser Aventurin wirkt direkt auf unser inneres Wissen um unseren persönlichen Erfolg im Leben. Wir alle haben Strecken des Erfolges in unserem Lebensplan. Ob wir unser Leben auch so einrichten, dass wir sie leben können, ist eine andere Sache. Dieser Stein hilft uns jedenfalls, dass wir uns an unsere Möglichkeiten zum Erfolg erinnern. Weiterhin gibt er uns die Kraft und weckt den Wunsch, diesen Erfolg auch leben zu können. Danach benötigen wir andere Edelsteine, z. B. um zu erkennen, worin wir erfolgreich werden dürfen, welche Eigenschaften wir für diesen Erfolg noch entwickeln müssen, welche menschlichen Qualitäten wir noch nicht leben usw. Der orangefarbene Aventurin gibt den Anstoß, die weiteren Steine helfen uns bei der Verwirklichung.

Aventurin, orange:	*ERFOLG*
Zusammensetzung:	SiO_2
Härte:	*7*
Farbe:	*goldbraun, orange, wenig schillernd*
Fundorte:	*Brasilien*
Energie-Zuordnung:	*3*

AZURIT

Höchste Erkenntnis - Freude am Leben

Der Azurit hat die seltene *Eigenschaft des vollständigen Wissens.* In dieser Fähigkeit hilft er uns, bestimmte Einblicke in für uns wichtige Zusammenhänge zu erhalten. Obwohl wir durch ihn nur mit Teilbereichen verbunden sind, können uns diese Einsichten völlig verändern. Wir sind nicht reif für vollständiges Wissen, aber bestimmte Aspekte können wir verarbeiten. In seiner Weisheit wählt der Azurit für uns aus, für welche Bereiche und in welchem Ausmaß er uns Erkenntnis schenken kann, und er unterstützt uns in der aufrichtigen Verarbeitung dieser Teilaspekte.
Der Azurit ist mit der Höchsten Weisheit verbunden. Er sollte einer der ersten Steine sein, die wir für uns wählen, wenn es uns mit unserer Entwicklung ernst ist. Er ist ein sanfter Lehrer, ein allwissender - und konfrontiert uns doch mit kristallklarer Schärfe. Gleichzeitig lehrt er, dass kristallklare Schärfe unsere einzige Chance ist, wenn wir uns entwickeln möchten. Er macht uns auf sanfte Weise klar, dass Eile Not tut in unserer Entwicklung. Eile im Sinne von schnellem Eintauchen in unsere *Tiefe*, nicht von Dahineilen an unserer Oberfläche. Denn ein einzelner Moment der Tiefe kann uns mehr Erkenntnis schenken als hundert Jahre Leben.
Wichtiger Heilstein für die Neuzeit.

Azurit:	*HÖCHSTE ERKENNTNIS*
Zusammensetzung:	$Cu_3[OH/CO_3]_2$
Härte:	*3,5 - 4*
Farbe:	*tiefblau*
Fundorte:	*Russland, Südwestafrika, USA*

Besonderes: Azurit ist sehr weich. Schmuckstücke können daher schnell unansehnlich werden. Ketten werden stumpf, wenn man sie auf der Haut trägt. Empfehlenswert sind Handsteine, Scheiben an Lederbändern und einfache Liebhaberstücke erwerben.

Energie-Zuordnung: *3*

AZURIT-MALACHIT

Zusammengehörigkeit

Dieser Stein lehrt, was *Verbindung* bedeutet. Er gibt uns ein Gefühl von Zusammenarbeit, von Verständnis füreinander, von Freundschaft unter Gleichgesinnten. Darüber hinaus umgibt ihn eine Schwingung des Friedens und des Wachstums. Er lehrt Gleichheit auf der Basis von Wachstum, Freude auf der Basis von Liebe, Verständnis auf der Basis von Gottes Einheit.

Ein Stein für Wissende und für Anfänger. Auch für die, die sich nicht versöhnen wollen. Ihnen gibt er Kraft zur Demut.

Er beinhaltet außerdem natürlich die Qualitäten des Azurits und des Malachits.

Azurit-Malachit:	*SCHULE*
Zusammensetzung:	*Verbindung von Azurit und Malachit*
Härte:	*3,5 - 4*
Farbe:	*meist blau und grün*
Fundorte:	*Kalifornien*

Energie-Zuordnung:	*2*

BARYT

Kraft aus dem Herzen

Ein guter Stein für Anfänger. Er stärkt den Kontakt zu unserem Herzen und somit zu unserer inneren Stimme. Wenn wir ihn entsprechend lange tragen, werden wir besser verstehen, was uns unser inneres Wissen vermitteln möchte.

Botschaften aus dem Herzen lassen uns immer *ganzheitlich* denken und handeln. Wir fühlen, dass wir angeschlossen sind an eine unerschöpfliche Kraftquelle, unerschöpfliches Licht. Wir spüren, dass das unsere wahre Heimat ist. Daraus gewinnen wir *Kraft*.

Baryt:	*GLAUBE AN DAS GLÜCK*
Zusammensetzung:	*$Ba[SO_4]$*
Härte:	*3 - 3,5*
Farbe:	*weiß, grau, schwarz, gelb, braun, bläulich, rosa, grünlich*
Fundorte:	*Deutschland, England, Tschechische Republik, USA*

Energie-Zuordnung: *2*

BERGKRISTALL

LIEBE ZUM LEBEN **KLARHEIT DER GEFÜHLE** **AUFERSTEHUNG**

Für den Bergkristall besteht die Aufgabe darin, Menschen zu erlösen. Er erlöst aus Zwängen, falscher Liebe und Zorn. Ihn umgibt eine Schwingung des Lichtes, die diese Gefühle verbrennt. In seiner Klarheit erkennt sich der Mensch, lernt Vertrauen und spürt die Hilfe des Steinreiches am deutlichsten.

Bergkristalle können unsere besten Freunde sein - und sie wollen es! Ein Bergkristall erzieht ungemein. Er ist uns Vorbild im Prinzip des GEBENS:

Wer ihn liebt, bringt Klarheit in sein Leben, in seine Gefühle. Die Erkenntnis dessen, was wir wirklich sind, ist dann nahe.

Bergkristalle nehmen in gewisser Weise eine Sonderstellung ein. Sie können die Schwingungen der anderen Edelsteine wiedergeben, wenn auch in sehr abgeschwächtem Maße. Ihre ziemlich umfassende Wirkung beruht darauf, dass sie entscheiden, wann ein Mensch noch eine andere Schwingung benötigt als die bergkristalleigene, und sie dann an den Menschen abgibt.

Bergkristall:	*KLARHEIT - HILFE FÜR DEN MENSCHEN*
Zusammensetzung:	SiO_2
Härte:	*7*
Farbe:	*klar, farblos bis weiß*
Fundorte:	*in der ganzen Welt*

Besonderes: Einige Bergkristalle werden auch bestrahlt, gefärbt oder anderweitig verändert. Ich rede hier von dem unbehandelten Bergkristall, möglichst durchsichtig, roh oder geschliffen.

Energie-Zuordnung: *1*

BERNSTEIN

GROSSER HEILER! WICHTIG FÜR DIE ZUKUNFT

Bernstein ist das Blut der Bäume, ihr Lebenssaft. So überträgt sich die Kraft der Bäume auf uns, wenn wir ihn anwenden. Bernstein zu verstehen heißt die Baumwelt zu verstehen, und deshalb wird dieser Stein noch einmal sehr wichtig werden. Unsere Liebe zu Bernstein tut der Pflanzenwelt wohl.
Bernstein stärkt unsere Liebe zur Pflanzen- und Sonnenwelt. Er unterstützt unsere körperlichen Prozesse und reinigt den Organismus. Er erweitert das Sonnen- und Lebenspotenzial in uns und schenkt uns Frieden. Er ist ein Symbol für Zeit und lehrt uns, dass Zeit keine Bedeutung besitzt.

Der Bernstein liebt uns. Aber auf seine Weise leidet er unendlich durch unsere Achtlosigkeit der Natur gegenüber. Er ist der Hüter einiger Pflanzenwelten, und was wir der Natur antun, tun wir ihm an. Ihn zu ehren, bedeutet auch, die Natur mehr zu ehren. Der Bernstein möchte uns belehren. Er hilft uns, die Zusammenhänge von Menschen- und Pflanzenwelt besser zu verstehen.

Bernstein:	*NATUR*
Zusammensetzung:	*Harze*
Härte:	*2 - 2,5*
Farbe:	*hellgelb bis goldgelb bis braun, manchmal weißlich, selten anders*
Fundorte:	*Samlandküste (Ostpreußen), in der Ostsee, Rumänien, Sizilien, Burma*

Besonderes: Vorsicht vor Pressbernstein (Reste) und Imitationen, sie sind für den Laien oft nicht als solche erkennbar. Fragen Sie, vergleichen Sie.

Energie-Zuordnung: *2*

BERYLL, FARBLOS (Goshenit)

ANDACHT - STILLE DES LEBENS

„Diesen Stein gab ich euch zur Erinnerung an Mich. Versinke in dem, was ewig ist. Versinke in Mir."

Gott lächelt. Wahrheit ist ewig. Liebe ist ewig.

„Finde deinen Weg zu Mir. Glaube an Mich. Vertraue deinem Herzen."

Gott lächelt. Seine Liebe liegt in der absoluten Einfachheit. Der farblose Beryll in ein Symbol dafür.

Beryll, farblos:	*GOTT*
Zusammensetzung:	$Be_3Al_2[Si_6O_{18}]$
Härte:	*7,5 - 8*
Farbe:	*farblos*
Fundorte:	*Brasilien, Afrika, USA*

Energie-Zuordnung: *1*

BLAUQUARZ

Erkenntnis unserer Gefühle

Ein weiterer Erinnerer an die Gesetze des Lebens. Sehr erdig, sehr naturverbunden und doch sehr geistvoll.

Er hält uns den SINN der Lebensgesetze vor Augen. In seiner Anwesenheit lernen wir, dass das Leben ohne Regeln nicht funktionieren kann und wir sie einhalten müssen, um zu überleben. Erkenntnis von Ordnung und Zugehörigkeit, von Wissen um Größe und Liebe, von Kraft und Weisheit berührt uns und kommt als *Verstehen von Notwendigkeiten* in unser Bewusstsein. In seiner Schwingung akzeptieren wir die Notwendigkeit von Regeln, um überleben zu können. Gleichzeitig stellen wir unsere scheinbaren Notwendigkeiten in Frage und erhalten die Kraft, um von ihnen loszulassen. Dieser Stein wird oft übersehen.

Blauquarz:	*STRENGE UND ERKENNTNIS*
Zusammensetzung:	SiO_2
Härte:	*7*
Farbe:	*blau*
Fundorte:	*Virginia/USA*

Energie-Zuordnung:	*3*

BOULDER-OPAL

Wege zum ewigen Leben

Boulder-Opal ist sehr erdverbunden. Er besitzt alle Eigenschaften des Edelopals, verbindet uns dabei aber mit einer sehr direkten Erdenergie. In seiner heiteren Art lässt er Wandlung einfacher erscheinen, als wir uns das vorstellen. Er tröstet und macht Mut, ist wie die allumfassende Güte in etwas brummiger Art. Er meint es gut und liebt uns - und stößt uns doch wohlwollend ins Leben. Damit ist er direkter als der Edelopal - gewissermaßen herzhafter. Wer ihn liebt, erlebt Wandlung als etwas Unausweichliches in dem Wissen, dass bestimmte Energien EWIG und wir auf immer mit ihnen verbunden sind.
Eingebunden in ewige Liebe, in ewige Freude, erkennen wir Wachstum schließlich als das, was es wirklich ist - als FREUDE.
Die Opale werden manchmal als Unglückssteine bezeichnet. Sie sind es natürlich nicht. *Alle* Steine lösen in uns mehr oder weniger große Lernprozesse aus. So auch der Opal. Unser *Widerstand* gegen unser Wachstum kann uns Unglück bringen, und da der Opal uns deutlich zu Wachstum ermutigt, wird er in jedem Fall eine Widerstandsphase hervorrufen. Wenn wir mit unserem Wachstum gehen, braucht das Leben uns nicht durch massive Lektionen zu erinnern. „Unglück" ist nur ein Aufruf, zu wachsen. Wachse ich freiwillig, bleibt mir das meiste Unglück erspart.
Alle opalisierenden Steine sind gute Meditationssteine. Ihre sanften bis flammenden Farbspiele erinnern an das Leben in seiner Vielfältigkeit und Schönheit. Versenkung bringt Erkenntnis. Erkenntnis bringt Frieden.

Boulder-Opal:	*WACHSTUM IST FREUDE*
Zusammensetzung:	$Si_2 \cdot nH_2O$
Härte:	*5,5 - 6,5*
Farbe:	*opalisierende Schicht auf bräunlichem bis grauem Mutterstein*
Fundorte:	*Brasilien, Australien*

Besonderes: Bei Boulder-Opal handelt es sich um eine dünne Schicht Opal auf Muttergestein. Gestein und Opal werden zusammen verschliffen.

Energie-Zuordnung: *3*

BRASILIANIT

Wege zu Gott

Ein Stein zum Anfassen - tröstet uns. Er sagt: „Vertraue deinem Leben. Vertraue dir. Alle Schwierigkeiten können gemeistert werden, wenn du vertraust."

Der Brasilianit frischt eigentlich nur unser *Erinnerungsvermögen* auf, und zwar unsere - unbewusste - Erinnerung an die Zeit, bevor wir uns entschieden, Mensch zu sein. Je klarer der Anschluss an diese Zeit in uns vollzogen wird, umso glücklicher können wir unser jetziges Leben meistern. Wir leben ganz in unserem Leben - und doch ganz in der Gewissheit unserer Herkunft und unserer Ziele.

Der Brasilianit sollte nur phasenweise getragen werden. Es könnte sein, dass wir unsere Aufgaben vernachlässigen, weil wir zu sehr mit unseren Sehnsüchten verbunden sind, die sich auf die Zeit vor und nach diesem Leben richten. Wo immer wir herkommen, wo immer wir hingehen - die wichtigste Zeit für uns ist JETZT. Wenn wir dieses JETZT vernachlässigen, vernachlässigen wir uns und unsere Aufgaben, vernachlässigen wir das Wort, das wir Gott gegeben haben.

Brasilianit:	*WEGE ZU GOTT*
Zusammensetzung:	$NaAl_3[(OH)_2/PO_4]_2$
Härte:	*5,5*
Farbe:	*helles bis kräftiges Gelblichgrün*
Fundorte:	*Brasilien, USA*

Energie-Zuordnung:	*1*

CALCIT

Hilfe für den Alltag

Der Calcit stärkt unser Gewissen. Er ermutigt uns, unserer Aufgabe zu folgen und Mittel und Wege zu finden, sie zu erreichen. Er öffnet unser Herz für die Sorgen und das Leid anderer.

Den Calcit gibt es in vielen Farben. Seine Wirkung wird dadurch noch erweitert.
(Siehe EIGENSCHAFTEN DER EDELSTEINE, FARBEN)

Calcit:	*UNTERSTÜTZUNG*
Zusammensetzung:	$Ca[CO_3]$
Härte:	*3*
Farbe:	*weiß, grau, gelb, rosa, braun, grün, bläulich, schwarz*
Fundorte:	*Deutschland, Rumänien, Namibia, Mexiko*

Energie-Zuordnung:	*2*

CASSITERIT (Zinnstein)

Wunsch nach Grösse

Der Zinnstein weckt in uns den WUNSCH nach Größe, nach VOLLKOMMENHEIT!

Hiermit ist seine Aufgabe beendet! Wenn wir dahin gelangen wollen, unsere Größe zu leben, benötigen wir andere Steine, andere Methoden. Sollten wir zögern und in Energie aufzehrende Gewohnheiten zurückfallen, können wir wieder zu dem Cassiterit greifen. Nach wenigen Tagen sind wir bereit zur Umkehr, bereit zu einem neuen Versuch.

Gut bei Süchten aller Art.

Cassiterit:	*WUNSCH NACH GRÖSSE*
Zusammensetzung:	SnO_2
Härte:	*6 - 7*
Farbe:	*braun, farblos*
Fundorte:	*viele*

Energie-Zuordnung:	*2*

CHALZEDON

Ruhe erreicht mich

Der Chalzedon gibt uns den Anschluss an unser Göttliches Selbst. Er tut nicht mehr und nicht weniger.

Und darum wird ihm oft nachgesagt, dass er an den Himmel erinnert, dass er uns beruhigt, daß er uns Gelassenheit schenkt. Ja, Ruhe und Gelassenheit und das, was sich individuell ereignet, wenn eine Person sich mit ihrem Göttlichen Selbst verbunden fühlt, und das kann sehr, sehr viel sein.

Chalzedon:	*RUHE UND GELASSENHEIT*
Zusammensetzung:	SiO_2
Härte:	*7*
Farbe:	*hellblau mit weißen Streifen oder graublau*
Fundorte:	*Türkei, Südafrika, Australien*

Energie-Zuordnung:	*3*

CHLOROMELANIT

FREUDE AM LEBEN - HOFFNUNG AUF FRIEDEN

Mit diesem Stein wurde uns ein besonderes Geschenk gegeben. Wir dürfen hoffen, dass sich unser Leben erfüllen wird. Mit dem Chloromelanit verstehen wir, dass unser Leben so verlaufen wird, wie Gott und wir es zusammen geplant haben. Welch eine Erleichterung! Kein Suchen mehr, kein quälendes Irren! Wir wissen, dass Gott uns führt, dass sich unser Leben erfüllen wird nach Gottes Weisheit, nach dem, was wir beschlossen haben. Wir verstehen, dass wir unsere Kraft in unser Leben lenken dürfen, wir müssen sie nicht mehr in verzehrender Suche verschwenden. Ruhe erfüllt uns. Wir ahnen Frieden. Noch ist das Verstehen neu und es hat erst unser Herz erreicht. Es braucht Zeit, bis die Auswirkungen in unserem Leben sichtbar werden, bis wir sie wirklich FÜHLEN.

Der Chloromelanit verspricht uns Frieden. Ganz allmählich tritt Frieden ein.

Chloromelanit:	*JENSEITS VON ZWEIFELN LIEGT FRIEDEN*
Zusammensetzung:	*Jadeit-Varietät*
Härte:	*6,5 - 7*
Farbe:	*grasgrün mit schwarzen Pünktchen und Maserungen*
Fundorte:	*Burma*

Energie-Zuordnung:	*3*

CHROMDIOPSID

Hilfe für gequälte Herzen

Der Chromdiopsid hat eine sehr zielgerichtete Wirkung: Er stillt das Verlangen nach Liebe.

Ihn zu tragen bedeutet, ich muss mich nicht mehr nach Liebe verzehren. Ich kann warten, ich verstehe, dass mir Gott alles gibt, was ich brauche, dass mir Gott die Fülle gibt. Wenn es Zeit ist in meinem Leben für einen Partner, eine Partnerin, dann werde ich diese Person treffen, unausweichlich, das ist Gesetz. Der Chromdiopsid, der ganz gezielt auf partnerschaftliche Liebe einwirkt, schenkt uns das Vertrauen, auf diese Liebe warten zu können, die Kraft, die Zeit bis dahin sinnvoll zu nutzen, das Wissen, dass wir so viel mehr sind als der Wunsch nach einer glücklichen Liebesbeziehung.

Der Chromdiopsid erschließt sich wenigen. Wir sollten ihn suchen.

Chromdiopsid:	*- ! -*
Zusammensetzung:	*$CaMg(Si_2O_6)$+Chrom*
Härte:	*5 - 6*
Farbe:	*dunkelgrün*
Fundorte:	*Finnland, Russland*

Energie-Zuordnung:	*1*

CHRYSOBERYLL

Schärfe - Klarheit - Kompromisslosigkeit

Der Chrysoberyll - für viele unscheinbar - verfügt über immense Kräfte. Er ist angezeigt bei wichtigen Entscheidungen in unserem Leben. Während wir Klarheit auch durch andere Edelsteine gewinnen können, besticht er durch eine Schärfe der Erkenntnis, die absolut erstaunlich ist. Gleichzeitig gibt er uns die Kraft, die verstandene Lösung ohne Kompromisse zu bewältigen, wenn es nötig ist. Er gibt uns eine Sicherheit für unsere Entscheidung, die der Kompromisslosigkeit die negativen Aspekte nimmt und - in Liebe betrachtet - aufzeigt, was sie wirklich ist: die konsequente Bereitschaft, den für uns richtigen Weg zu gehen.

Gut für die körperliche Ebene. Starker Heilstein.

Chrysoberyll:	*SCHÄRFE - KOMPROMISSLOSIGKEIT*
Zusammensetzung:	$BeAl_2O_4$
Härte:	*8,5*
Farbe:	*grüngelb, goldgelb, dunkeloliv, bräunlich, braunrot*
Fundorte:	*Brasilien, Sri Lanka (Ceylon), Burma, Madagaskar, Rhodesien (Simbabwe), Russland*

Besonderes: Es gibt Chrysoberylle mit Katzenaugeneffekt, der durch Reflexion des einfallenden Lichtes an sehr feinen parallel gelagerten Fasern im Inneren des Steines entsteht. Auch andere Steine können diesen Effekt aufweisen, aber für eine bestimmte Chrysoberyll-Sorte ist er typisch. Diese Arten werden nur in Sri Lanka und Brasilien gefunden. Wenn man in Fachkreisen von Katzenaugen spricht, meint man damit immer das Chrysoberyll-Katzenauge. Bei anderen Katzenaugen setzt man den Namen des Steines davor.

Energie-Zuordnung: *1*

CHRYSOKOLL

Gesetze in uns erkennen

Der Chrysokoll erzieht zu Ordnung. Er verbindet uns mit den Prinzipien der Natur und den Gesetzen des Lebens aus der Sicht der Naturgeister.

Er lehrt, dass wir nicht ungestraft an den Gesetzen des Lebens vorbeigehen können. Diese Gesetze wirken immer, unabhängig davon, ob wir sie kennen oder nicht (z. B. Schwerkraft). Wenn wir die viel weitreichenderen Geistigen Gesetze ignorieren, mögen wir vielleicht überleben, aber glücklich würden wir nie. Seit wir nicht mehr in Einklang leben mit der Natur und den Naturgeistern, haben wir ein großes Stück unseres Selbst verloren. Es neu zu integrieren ist unsere Aufgabe. Der Chrysokoll erinnert daran.

Chrysokoll:	*ORDNUNG / NATUR*
Zusammensetzung:	$(Cu,Al)_2H_2[(OH)_4/Si_2O_5] \cdot nH_2O$
Härte:	*2 - 4*
Farbe:	*grün-blau gefleckt*
Fundorte:	*USA, Peru, Chile, Rußland, Demokr. Republik Kongo (Zaire)*

Besonderes: Der Chrysokoll kann sehr leicht bröckeln. Ob er bröckelt oder fest ist, hängt von der jeweiligen Fundstätte ab. Wir meiden künstlich gehärtete Stücke. Chrysokoll ist undurchsichtig. In Arizona wird er jedoch durchscheinend und fast himmelblau gefunden. Er tritt auch mit Chalzedon, Malachit und Kupferoxid auf.

Energie-Zuordnung: *3*

CHRYSOPAL

FREUDE - LEICHTIGKEIT - UNGEZWUNGENHEIT

Der Chrysopal bringt Freude in unser Leben. Seine leichte Energie lehrt dass nichts so schwierig ist, wie es uns erscheint. Ganz besonders, wenn er fast durchsichtig ist. Hier wird die Leichtigkeit noch betont. In seinen blaugrünen Farben mit den charakteristischen Einschlüssen erinnert er an eine wundervolle Meereslandschaft. Ein Meer, wie es einmal war, klar, gesund und belebt - Quelle des Lebens für uns alle. Belebt nicht nur von Fischen, unzähligen Organismen und Pflanzen, sondern vom Herrscher der Meere und allen Wasser-Wesenheiten. Wir sollten ihre Freunde sein und voneinander lernen. Stattdessen haben wir sie vertrieben. Da wir in unseren Herzen aber ein Bild des Paradieses tragen, wie wir es auf der Erde schaffen wollten, sehnen wir uns ständig danach. Dieser immer blutenden Wunde - verdrängt von jedem von uns - schenkt der Chrysopal Heilung. „Umkehr ist möglich!" lautet seine Botschaft. „Beginne JETZT, dich mit dem Meer und mit allen unsichtbaren Wesenheiten zu verbinden."
Nur wenn wir alle unsichtbaren Wesen akzeptieren und sie um Hilfe bitten, können wir diese Erde noch rechtzeitig retten, und das sollen wir tun, allen Unkenrufen zum Trotz. Wie Menschen und geistige Helfer zusammenarbeiten können, hat man in Findhorn bewiesen. Dieses Buch ist auch ein Beweis. Der Chrysopal ist besonders geeignet für Menschen, die sich nach dieser Zusammenarbeit sehnen. Ihnen schenkt er Leichtigkeit und Hoffnung. Er befreit von der Angst, dass es für eine Umkehr zu spät ist, und gibt uns ein Stück Ungezwungenheit zurück.

Chrysopal:	*LEICHTIGKEIT - FREUDE - UMKEHR*
Zusammensetzung:	$SiO_2 \cdot nH_2O$
Härte:	*5,5 - 6*
Farbe:	*grün bis blaugrün, hellblau, türkis*
Fundorte:	*Peru*

Besonderes: Hier lernen wir einen wunderschönen Opal kennen, der nicht opalisiert. Er zeigt sich in grünlichen, bläulichen, türkisen Meeresfarben, manchmal durchsichtig und mit andersfarbigen Einschlüssen. Im Fachhandel ist er noch ziemlich unbekannt.

Energie-Zuordnung: *2 - 3*

COELESTIN

Ausgeglichenheit

Der Coelestin gleicht unsere Stimmungen aus. Er schafft eine Kraft in uns, aus der heraus wir alles aus einer höheren Warte betrachten können. Probleme, die uns schon lange beschäftigt haben, erscheinen uns plötzlich anders. Wir sehen etwas hinter dem, was wir bisher erkannt haben, wir sehen das Problem neu. Auf diese Weise gelingt es uns, eine Lösung zu finden, die die Herausforderung optimal klärt.

„Probleme" sind Lernprozesse. Der Coelestin lehrt, daß wir kein Problem zu fürchten haben, weil es *immer* eine Lösung gibt, die uns gut tut und allen Beteiligten auch. Wir müssen sie nur finden. Das ist die Aufgabe dieses Steines.

Coelestin:	*AUSGLEICH*
Zusammensetzung:	$Sr[SO_4]$
Härte:	*3 - 3,5*
Farbe:	*meist bläulich, aber auch farblos, weiß, gelblich*
Fundorte:	*Südwestafrika, Madagaskar, Deutschland, England, Sizilien, Russland*

Besonderes: Vorsicht! Manche Coelestine wirken wie kompakte Steine, lösen sich aber in Wasser aus ihrem Muttergestein. Die Einzelstücke bleiben erhalten, das „Muttergestein" liegt als Sand in der Flüssigkeit. Geistig reinigen!

Energie-Zuordnung: *2 - 3*

CONNEMARA

Streitlust

Hier haben wir einen Gesellen der erstaunlichsten Art, einen Streiter: „Nur zu“, würde er sagen, „schlagt euch!“ Seine wahre Aufgabe ist es aber, uns die Unsinnigkeit von verschleuderter Energie vor Augen zu führen. Streit erzeugt Hass. Er führt nie zu liebevoller Übereinstimmung durch Verstehen. Streit härtet die Streitenden. Da unser Weg Liebe ist, sollen wir auf Streit verzichten und Verstehen suchen. Wenn ich mich wahrhaft verstehe, verstehe ich Menschsein und die Gefühle der anderen Personen. Wo ich verstehe, wirkt Liebe in mir. Deshalb sagt dieser Stein letztlich - *liebet euch!*

Ein guter Begleiter für alle Liebenden, d. h. für alle, die am Experiment Erde beteiligt sind.

Connemara:	*HOFFNUNG AUF AUFGABE*
Zusammensetzung:	*Verwachsung von Serpentin mit Marmor*
Härte:	*3 - 4*
Farbe:	*gelbgrün-weiß gesprenkelt*
Fundorte:	*Connemara/Irland*

Energie-Zuordnung: *3*

COROMIT

Erlösung von Blockaden

Der Coromit löst Widerstände. Er arbeitet sich konsequent durch unsere Blockaden hindurch und zeigt sie uns auf. In dieser Energie von Kraft und Lebendigkeit wagen wir es schließlich, unsere Widerstände zu beleuchten. In seinem Schutz gestatten wir uns die Einsicht, dass unser Widerstreben uns hindert, dass wir uns damit nur schaden.

Wenn wir unsere Blockaden erkannt haben, gibt er uns auch noch die Kraft und den Impuls, sie zu bearbeiten. Das gelingt dann nur mit einem anderen Edelstein. Aber ohne den Coromit wären wir vielleicht gar nicht offen gewesen, an unsere Probleme heranzugehen.

Coromit:	*WIDERSTAND*
Zusammensetzung:	SiO_2
Härte:	*6,5 - 7*
Farbe:	*grünlich/gräulich mit roten Punkten und Pyritkriställchen*
Fundorte:	*Indien*

Energie-Zuordnung:	*3*

DEMANTOID (Granat)

HÜTER UNSERES WACHSTUMS

ist der Demantoid. Ein Stein, mit dem wir uns schwer anfreunden können.

Wir beginnen oft im Leben neu. Meistens fällt uns ein neuer Anfang schwer, denn er bedeutet Abschiednehmen von Altem und Gewohntem. Daran halten wir im Allgemeinen zäh fest. Je fester wir halten, umso mühsamer wird das Leben. Wir drehen und winden uns, wir erfinden Ausreden vor uns, und genau genommen zittern wir vor Angst.

Liebevoll und stetig gibt uns der Demantoid die Botschaft, dass Leben Wachstum ist und Stillstand Tod. Wir reifen in seiner Schwingung zu der Bereitschaft, alles, aber auch alles zu wagen, um unser Lebensziel zu erfüllen. Wir verbinden Kraft und Liebe der Granatgruppe mit der Zielgerichtetheit des Demantoids in uns. Wir wachsen über uns hinaus. Ein Stein, den wir nicht wählen sollten, der zu uns kommt, wenn wir für ihn reif sind, der uns durcheinander bringt, wenn wir zu frühzeitig mit ihm arbeiten wollen.

Aber: Wenn wir mit ihm arbeiten, überschüttet er uns mit Liebe und Trost, mit Zuversicht und Gottvertrauen - und mit den Qualitäten aller großen Steine der Granatgruppe. Er liebt uns, hilft uns und versteht. Umbruch wird einfach, wenn er dabei ist.

Demantoid:	*AUFBRUCH UND WENDE*
Zusammensetzung:	*chromhaltiger Andradit*
Härte:	*6,5 - 7*
Farbe:	*grün, gelbgrün*
Fundorte:	*Ural*

Energie-Zuordnung:	*1*

DENDRITEN-ACHAT

Kraft und Wachstum

Dieser Achat verleiht uns Kraft zum Durchhalten. Er unterstützt geistige Projekte und hilft uns, sie in die Tat umzusetzen. Er spricht zu uns von den Wechselfällen des Lebens und unterstützt uns in der Erkenntnis, dass allein Gott ewig ist. So nehmen wir Schwierigkeiten auf unserem Weg nicht so ernst und vertrauen uns Gott stärker an.

Schon sein Anblick erinnert an die Wunder des Lebens und daran, dass wir an ihnen teilhaben. Wozu bekümmert sein? Hören wir auf unsere innere Stimme und folgen wir ihr, so ist für uns gesorgt. Immer.

Dendriten-Achat:	*KRAFT UND AUSDAUER*
Zusammensetzung:	SiO_2
Härte:	*7*
Farbe:	*weiß, gelblich mit dunkelbraunen bis schwarzen Dendriten*
Fundorte:	*Indien, USA, Brasilien*

Energie-Zuordnung: *2*

DENDRITEN-OPAL

Leichtigkeit überwinden

Wenn wir es endlich geschafft haben, das Leben in tiefem Vertrauen leichter zu nehmen, wenn wir uns endlich zurücklehnen und aufatmen, dann tritt dieser Stein in unser Leben.

Seine Botschaft lautet: „Ruhe dich aus. Aber wisse, dass es noch viel zu lernen gilt. Verfalle nicht dem Irrtum, dass es auch nur irgendwo Stillstand gibt. Verlange das nicht, es wäre das Ende deines Wachstums. Genieße deine Ernte - und überlege, was du Neues pflanzen kannst. Säe, während du nach den reifen Früchten greifst."

Für den Alltag heißt das, dass wir auf das immer wiederkehrende Gefühl verzichten sollen: „Wenn ich das und das erst einmal geschafft habe, dann ist endlich Frieden, dann kann ich mich ausruhen." Denn wir sollen lernen, in unseren Taten und Wachstumsschmerzen gleichermaßen zu ruhen wie in Phasen zwischen abgeschlossenen Vorgängen.

Ein Freund für Zeiten der Unzufriedenheit und der Angst.

Dendriten-Opal:	*ZITTERN VOR GLÜCK*
Zusammensetzung:	$SiO_2 \cdot nH_2O$
Härte:	*5,5 - 6*
Farbe:	*unterschiedlich, mit Dendriten*
Fundorte:	*Mexiko, Peru, Brasilien, Schlesien*

Energie-Zuordnung: *1*

DIAMANT / BRILLANT (WEISS)

LICHT DER VOLLKOMMENHEIT - HÖCHSTER SEGEN

„Wer mich trägt, hat Gnade vor Gott gefunden." Mit diesem einfachen Satz tritt der Brillant in unser Leben. Aber es mag Jahrzehnte währen, bis wir diesen Hinweis wahrhaft verstehen können. Da wir alle in der Gnade Gottes leben, möchte der Brillant uns auf etwas Besonderes hinweisen - auf die Wahrheit hinter den Wahrheiten. „Sucht diese Wahrheiten!" fordert er auf und verzichtet auf weitere Erklärungen.

Der facettierte weiße Diamant (hier Brillant genannt) ist das Symbol ABSOLUTER VOLLKOMMENHEIT. Wer ihn trägt, wird an seine eigene Vollkommenheit erinnert, an seine Zugehörigkeit zu Gott, an seine Aufgabe im Leben. Der Brillant schützt und beschützt. In seiner Ausstrahlung können wir zeitweise spüren, was Vollkommenheit ist. Er unterstützt unseren Weg zur Vollendung.

Wenn wir uns auf das Feuer eines Brillanten einlassen, finden wir die schnellste Möglichkeit, unser Herz zu öffnen.

Der Brillant verstärkt alles, was in uns ist. Auf diese Weise unterstützt er uns in unseren Qualitäten. Aber er verstärkt auch unsere schwierigen Seiten, um uns die Richtung zu weisen für unsere Erlösung. Tägliche Reinigung ist noch wichtiger als bei den anderen Steinen. Wir sollten ihn nie tragen, wenn wir krank sind. Die Krankheitsmuster graben sich im Stein ein und beeinflussen uns nachträglich. Abgesehen vom Tansanit steht der Brillant über allen Steinen. Die reinen Herzens sind oder sich danach sehnen, werden ihren stärksten Freund in ihm finden. Es gibt nichts, was ein Brillant nicht bewirken könnte.

Brillant:	*ABSOLUTE VOLLKOMMENHEIT*
Zusammensetzung:	*C - kristallisierter Kohlenstoff*
Härte:	*10*
Farbe:	*Hochfeines Weiß bis leicht gelbliches Weiß. Je weißer ein Brillant, desto teurer ist er. Brillanten werden auch nach Reinheitsgraden klassifiziert. Das bestimmt ihren Preis, ihre Brillanz, ihre Schönheit, Ausstrahlung und möglicherweise ihre Wirkung.*
Fundorte:	*im Wesentlichen Afrika*

Besonderes: Ein Brillant ist ein im Brillantschliff geschliffener Diamant. Auf andere Weise geschliffene Steine nennt man Diamanten im Baguetteschliff, Trapezschliff, Fantasieschliff und so weiter. Ein Brillant besitzt 58 Facetten. Er wird auch nach Schliffqualität und -proportionen beurteilt. Im Text ist mit Brillant jeder weiße Diamant gemeint, der durch fachmännischen Schliff seine vollkommene Schönheit entfalten kann. Auf geistiger Ebene können Diamanten die Wirkung von Schmucksteinen erhöhen, wenn sie zusammen getragen werden. Ein Diamant zu unserem Schutz sollte ein halbes Karat groß sein oder größer.

Energie-Zuordnung: *ABSOLUTE VOLLKOMMENHEIT*

DIOPSID

Geschenk an uns

Ein lebendiger Stein für lebendige Tage. Dieser Stein ersetzt mehrere Edelsteinqualitäten. Er ist ein idealer Stein für die Reise und ein kleines Gepäck.

Wenn wir ihn um Hilfe bitten, wird er uns mit der Edelsteinqualität verbinden, die wir im Moment benötigen. Er wirkt schnell und kurzfristig. Er ersetzt die anderen Steine nicht, aber er schafft vorübergehende Verbindungen.

Seine Qualität als Mittler ist einzigartig unter den Steinen. Mittler zu sein ist seine Berufung.

Diopsid:	*MITTLER*
Zusammensetzung:	*$CaMg(Si_2O_6)$*
Härte:	*5 - 6*
Farbe:	*grün, auch bräunlichgrün, selten farblos*
Fundorte:	*Alpen, Sri Lanka (Ceylon), Burma, Kenia, Tansania, Brasilien, Kanada, USA, Rußland*

Besonderes: Er wirkt, indem wir sagen: „Bitte verbinde mich mit der Energie des (z. B.) Aquamarins. Danke." - Wir können auch sagen: „Bitte, verbinde mich mit der Steinenergie, die im Moment am wichtigsten für mich ist. Ich danke dir!" (Es ist ein Gesetz, dass Bitte und Dank unweigerlich zusammengehören.)

Energie-Zuordnung: *3*

DIOPTAS

RÜCKZUG IN SICH SELBST
HEILUNG ALTER WUNDEN

Frieden im Herzen - der Dioptas bewirkt ihn. Mit ihm erleben wir einen Rückzug nach innen, der uns das Wesentlichste bewusst macht: wir sind auf dieser Erde, um zu *sein*. Im SEIN liegen alle Lernprozesse. Sein zu können ist der größte Lernprozess überhaupt.

Sein bedeutet - völlig im Augenblick zu leben, mit mir und der Ewigkeit verbunden. Die größte Wahrheit liegt im SEIN, die größte Erkenntnis auch. Wer liebt, ist.

Dioptas:	*HEILUNG*
Zusammensetzung:	$Cu_6[Si_6O_{18}] \cdot 6H_2O$
Härte:	*5*
Farbe:	*dunkles, leuchtendes Smaragdgrün mit Blaustich*
Fundorte:	*Demokr. Republik Kongo (Zaire), Südwestafrika, Russland, Chile, USA*

Energie-Zuordnung:	*1*

DOLOMIT

MÜTTERLICHKEIT - LEBEN

Hier ist ein Stein, den wir sehr unterschätzt haben. Beglückende Erfahrungen des Einssein stehen uns mit ihm bevor.

Er ist besonders für jene gedacht, die vor dem Thema Mütterlichkeit zurückzucken. Das betrifft auch Männer. Die Erde hat keinen Bestand ohne Mutterschaft. Großes wird geboren durch das Prinzip der Mütterlichkeit. Aber er lehrt wie kein anderer, dass sich Mütterlichkeit nur entfalten kann mit dem Gegenpol des Maskulinen. Frau und Mann, Mutter und Vater, Einheit in Gott gehören zusammen. Untrennbar.

Akzeptiere ich das - und dazu verhilft mir der Dolomit - werde ich meinen Weg in immer währender Neugeburt gehen können.

Ein Stein für unser Herzzentrum.

Dolomit:	*NEUGEBURT IN MIR*
Zusammensetzung:	$CaMg[CO_3]_2$
Härte:	*3,5 - 4*
Farbe:	*weiß, gelblich, grau, braun, rotbraun, selten farblos klar*
Fundorte:	*weltweit*

Energie-Zuordnung: *2*

DUMORTIERIT

Freude für unseren Lebensweg

Auf geistigen Wegen wird oft das Lachen vergessen.

Der Dumortierit unterscheidet nicht zwischen großen und kleinen Lernprozessen. Er möchte, dass wir das Lachen hinter allem erkennen. Nichts ist so ernst, wie es scheint. Wir leben in Illusionen, und nichts ist so, wie es aussieht. Schauen wir hinter den Vorhang, hinter den Schmerz, hinter das Leid! Dort warten Freude und Lachen. Wir müssen es nur erkennen.

Es gibt Edelsteine, die zu Erkenntnis verhelfen. Der Dumortierit verhilft zur Freude ohne die Erkenntnis.

Dumortierit:	*LACHEN*
Zusammensetzung:	$Al_7[O_3/BO_3/(Si/_4)_3]$
Härte:	*7*
Farbe:	*tiefblau, aber auch blaugrau bis bräunlich und rötlich, violettblau*
Fundorte:	*Sri Lanka (Ceylon), Brasilien, Ural, Indien, Namibia, Frankreich, Madagaskar, Russland,*
Energie-Zuordnung:	*2*

EDELOPAL

Jauchzende Freude

Der Edelopal ist verbunden mit dem Prinzip der Freude. Er erleichtert unser Leben durch eine Energie von Beständigkeit. Je tiefer wir in einen Opal versinken, desto eher erkennen wir, dass Freude in uns ruht, gespeist durch Liebe. Wir wagen unsere Freude oft nicht zu leben, weil wir Angst haben vor dem Glück. Zu oft wurden wir enttäuscht, zu oft wurde uns unser Liebstes „genommen", Leben heißt WANDLUNG. In der Wandlung ist das Leben *beständig*. Der Opal ermutigt uns, unser Leben anzunehmen, wie es ist. Das Leben ist schillernd wie ein Edelopal. Unsere Lernprozesse sind es auch. Wer nicht akzeptiert, dass wir in beständiger Wandlung leben, ist verloren. Wir müssen uns wandeln um zu wachsen. Wer sich nicht verändert, kann nicht zur Vollkommenheit reifen. Wer sich nicht verändert, kommt nicht zu Gott. So hilft uns dieser Opal, JA zu sagen zu steter Veränderung. Einmal auf diesem Weg, erfahren wir wieder tiefe Freude und Verbundenheit. Wir entdecken, dass auf das Leben Verlass ist. Es hat seine eigenen Regeln und Gesetze. In der ständigen Wandlung liegt das Versprechen von Wachstum, Zuverlässigkeit und Freude. Das Leben will nicht mit unseren Maßstäben gemessen werden. Es lehrt Hinhören und *Erkennen.* Alles ist gut, alles ist richtig. Auch das, was uns schmerzt, das, was wir nicht sehen oder hören wollen. Öffnen wir uns dem Leben.

Edelopal:	*WACHSTUM - FREUDE*
Zusammensetzung:	$SiO_2 \cdot nH_2O$
Härte:	*5,5 - 6*
Farbe:	*weißer, grauer oder dunkler Grund (manchmal transparent) mit hellen bis kräftigen Farben, die opalisieren*
Fundorte:	*Australien, Brasilien, Guatemala, Honduras, Japan, USA*

Besonderes: Edelopale gelten als teuer. Es gibt jedoch wunderbare Ketten aus Bruchstücken, die sehr preiswert sind. Meine weiße Opalkette z.B. zeigt wenig Farbspiel. Aber es ist eine Art Meditation, die aufleuchtenden Farben zu suchen. Die Wachstumsprozesse mit ihr verlaufen sanfter als mit stark opalisierenden Stücken. Das gilt für alle Opale mit zartem Farbspiel. Sie sind eine gute Vorbereitung auf die intensiven Opale. Jeder Opal liebt Feuchtigkeit. Zu starkes Austrocknen lässt ihn reißen. Wir sollten unsere Opale hin und wieder ins Wasser legen oder einige Zeit in feuchten Tüchern/Watte aufbewahren. Sie sind stoßempfindlich.

Energie-Zuordnung: *3*

EILATSTEIN

Mit diesem Stein vergeben wir uns selbst

Kein Stein ist größer als dieser. Er ist absolut frei von Schwingungen des Schmerzes, der Wehmut, der Verachtung oder anderer Eigenschaften, die Menschen bewegen und die sich in den Gesteinen der Erde spiegeln. Ein Edelstein in seiner höchsten Schwingung ist immer noch offen für Schwingungen der Menschen - dieser nicht.

Er lebt uns vor: *Einheit ist möglich*, Zusammenwachsen ist gut, Frieden erreichbar und Ziel.

Der Eilatstein wird nur in Israel gefunden und ist eine Verwachsung von Chrysokoll mit Türkis und Malachit. Die Tugenden des Wachstums, der Vereinigung, der Kreativität und der Heilung sind in ihm enthalten. Er lehrt, daß das größte Menschheitsziel möglich ist, *in Liebe und Frieden zu leben.*

Dieser Stein in seiner unendlichen Weisheit wartet darauf, dass sich die Völker dieser Erde verbinden, daß sie sich erkennen als Licht des LICHTES, dass sie auferstehen in Gott.

Eilatstein:	*FRIEDEN*
Zusammensetzung:	*Verwachsung von Chrysokoll mit Türkis und Malachit*
Härte:	*entsprechend*
Farbe:	*Blautöne mit Türkis und Grün*
Fundorte:	*Eilat / Israel*

Energie-Zuordnung: *1*

ELFENBEIN

Vergebung

Elfenbein ist ein uraltes Schmuckmaterial der Menschheit. Die ersten Stücke aus Elfenbein wurden aus den Stoßzähnen von Elefanten angefertigt, die eines natürlichen Todes gestorben waren, was hier so viel heißt wie - nicht durch Menschenhand.

Als der Mensch begann, Elefanten für ihre Stoßzähne zu jagen und zu töten, wurde das Material für diejenigen uninteressant, die in Tieren ihre Geschwister erkennen können.

Heute meiden wir Elfenbein. Wenn sich uns ein Stück aufdrängt, werden wir überrascht feststellen, dass sich im Elfenbein selbst grausamst getöteter Tiere eine Schwingung der Vergebung manifestiert hat. Es gibt kein Tier, von dem wir nicht in Demut Großes lernen können. Wenn uns unser Karma mit Tieren bewusst wird, sollten wir Gott um Hilfe bitten, damit wir nicht unbewusst auf uns nehmen, das Leid gequälter Tiere an uns erleben zu wollen.

ENSTATIT

FREIHEIT

Wenn wir das Wesentliche im Leben sehen können, werden wir uns frei fühlen. Dieser Stein sorgt dafür. Wenn wir ihn halten oder tragen, spüren wir ein Gefühl für das Wesentliche, für Gott und unsere Aufgaben in diesem Leben. Wir empfinden Ruhe. Um die Art der Aufgabe herausfinden zu können, benötigen wir allerdings andere Hilfen. Er bewirkt lediglich, dass wir den inneren Anschluss an unser Wissen erreichen. Ins Bewusstsein hebt er dieses Wissen nicht.

Enstatit:	*AUFATMEN*
Zusammensetzung:	$Mg_2[Si_2O_6]$
Härte:	*5 - 6*
Farbe:	*grün bis bräunlich grün, dunkelbraun*
Fundorte:	*Tansania, Sri Lanka (Ceylon), Südafrika, Kenia, Burma, Brasilien, Mexiko, USA*

Energie-Zuordnung: *2*

EPIDOT

Form und Festigkeit

Der Epidot bewirkt eine Zentrierung unserer Gedanken. Er verleiht uns Festigkeit im Ausdruck dieser Überlegungen. Er verhilft uns zu Standfestigkeit und Beherrschung von Form.

Auch nützt er uns bei der Bezwingung von Ängsten, die mit Ausdrucksmöglichkeit zu tun haben. Andere verstehen uns erst, wenn wir ihnen unsere Gedanken und Gefühle vermitteln können. Hier erleben wir, wie mit Hilfe dieses Steins das Form annimmt, was wir dringend ausdrücken möchten und doch selbst noch nicht ganz verstanden haben.

Epidot:	*FESTIGKEIT*
Zusammensetzung:	$Ca_2(Fe^{3+}, Al)Al_2[O/OH/SiO_4/Si_2O_7]$
Härte:	*6-7*
Farbe:	*grün, braunrot bis dunkelrot bis violettschwarz*
Fundorte:	*Österreich, Mosambik, Brasilien, Sri Lanka (Ceylon), Burma*
Besonderes:	*siehe auch Unakit (Epidot)*

Energie-Zuordnung: *2*

EUKLAS

Frieden

Der Euklas ist ein seltener Stein. Es lohnt sich, nach ihm Ausschau zu halten. Frieden schenkt er uns, weil er mit dem Prinzip der Gerechtigkeit verbunden ist. Er lehrt, dass *das Leben gerecht ist*, auch wenn es nicht so aussieht.

Was uns im Leben begegnet, haben wir uns geschaffen auf Grund unserer Taten im jetzigen und in vergangenen Leben. Was immer wir tun, hat eine Wirkung, was wir sagen, denken und fühlen, hat ebenfalls eine *Wirkung*. Alles, was wir aussenden, kommt auf uns zurück, *absolut alles*!

Das, was ich in mir heile, kommt mir selbst zugute. Je lichter ich werde, je selbstloser mein Handeln, desto einfacher wird das Leben. Das Leben möchte uns beschenken, aber es kann uns nur das geben, was nach dem Gesetz der Ordnung gerecht ist.

Euklas:	*FRIEDEN*
Zusammensetzung:	*$BeAl[OH/SiO_4]$*
Härte:	*7,5*
Farbe:	*farblos, lichtgrün, grünlich blau, hell bis saphirblau*
Fundorte:	*Ural, Brasilien, Demokr. Republik Kongo (Zaire), Tansania, Simbabwe, Österreich*

Energie-Zuordnung:	*1*

FALKENAUGE

Versprechen

Dieser Stein verspricht uns, unsere Größe leben zu können. Damit baut er uns auf. Aber Vorsicht. Er besitzt eine sehr materielle Seite. Wir sollten ihn nur kurzfristig anwenden, damit er uns nicht allzu sehr beeinflusst.

Wenn sein Versprechen zu uns durchgedrungen ist, sollten wir uns fragen, welcher andere Edelstein jetzt für uns richtig ist. Vor allem sollten wir uns fragen, welches unser Weg ist, um unsere innere Größe erlangen zu können. Was gibt es zu heilen, zu lernen, zu verstehen, zu leben? Dabei werden viele Steine helfen.

Falkenauge:	*ENERGIEN AUFBAUEN*
Zusammensetzung:	SiO_2
Härte:	*7*
Farbe:	*dunkelblau, grünblau*
Fundorte:	*Südafrika*
Energie-Zuordnung:	*3*

FEUEROPAL

Freude des Herzens

Kraft durchströmt uns. Unser Wille wird gestärkt.

Der Feueropal ist ein guter Stein für zaghafte Menschen. Sein Feuer reißt sie mit, seine Energie baut sie auf.

Feueropale springen leicht und zeigen dann Risse. Eine Erinnerung daran, dass wir auch in Zeiten vehementer Hingabe unsere Lebensbedürfnisse nicht vergessen sollten. Geist und Liebe können sich nur in einem Körper entfalten, der nach den Gesetzen des Lebens lebt. Wer von uns tut das schon? Der Feueropal erinnert, dass wir für die Verschleuderung von Lebensenergie immer einen hohen Preis zu zahlen haben. Wer Lebensgesetze missachtet, bestraft sich selbst. Eines Tages bricht er - wie ein Feueropal, der sich verausgabt hat, überbeansprucht wurde oder dem man nicht gab, was er für seinen Fortbestand braucht, z. B. Feuchtigkeit, Schonung, Beachtung.

Menschen benötigen auch bestimmte Voraussetzungen zum Leben. Wenn wir sie uns nicht geben, gehen wir zu Grunde. Sorgen wir für die Einhaltung der Bedingungen, erfahren wir ein Leben in Kraft, Schönheit und Liebe!

Feueropal:	*KRAFT - FREUDE - LEBENSENERGIE*
Zusammensetzung:	$SiO_2 \cdot nH_2O$
Härte:	*5,5 - 6*
Farbe:	*von gelb über orange bis rot*
Fundorte:	*Mexiko*

Energie-Zuordnung:	*1*

FLUORIT

Löst Blockaden

Der Fluorit löst Blockaden und lässt uns Grenzen erkennen. Er lindert Schmerzen und heilt seelische Wunden. Er ist ein Stein für große Anforderungen.

Zielstrebig geht er auf unsere Grenzen zu. Mit seiner Hilfe können wir erkennen, wo es sich um nötige Grenzen handelt und wo um hinderliche Blockaden. Er ermutigt uns, unsere Blockaden aufzugeben. Er trägt Licht in unsere Dunkelheit und bewirkt Glaube an uns selbst.

Er ist ein wundervoller Stein für Heilungen. Seine unterschiedlichen Farben ergänzen seine wesentlichen Schwingungsqualitäten.

Fluorit:	*LÖST BLOCKADEN*
Zusammensetzung:	CaF_2
Härte:	*4*
Farbe:	*zeigt das ganze Farbspektrum, oft mehrfarbig gebändert*
Fundorte:	*weltweit*

Besonderes: Es sind Fluorite aus China auf dem Markt, die an der Oberfläche Pyritkristalle zeigen. Wunderschön! Traumhaft sind auch Fluorite, auf denen winzige Quarzkristalle liegen, die dann noch hier und da von Pyrit glitzern.

Energie-Zuordnung: *2*

GLAS

FEUER - KRAFT - LEICHTIGKEIT

Glas verleiht uns Stärke. Es weckt das Bewußtsein in uns, wozu Menschen fähig sind.

Indem wir Glas lieben, lieben wir die Seite in uns, die kreativ ist, die Herausforderungen annimmt, die die Erde liebt, die wagen will, die *liebt*.

Wir finden zu uns, wenn wir uns auf ein kompaktes Stück Glas einlassen. Die Liebe, die wir für diesen Gegenstand empfinden, gilt uns. Verlieren wir uns in Glas, haben wir unsere Größe erkannt, glauben wir an Gott als die Urkraft im Menschen, die Urkraft in der Materie. Glas führt uns zu uns selbst. Freude erwächst, Leichtigkeit, Selbstbewusstsein, Würde. Ein Freund für Zeiten des Zweifelns an uns.

Glas:	*WUNDER*
Zusammensetzung:	*Quarzsand, Kalk, Soda, Hitze, manchmal Blei und farbgebende Zusätze*
Härte:	*5 - 6*

Besonderes: Die Wirkung von Glas hängt noch sehr von der Farbe ab. Die Schwingung bleibt die gleiche. Wenn ich aber ein großes türkisfarbenes Stück Glas auf mich lege oder ein kleines, aber extrem rotes oder grünes auf einen Akupunkturpunkt, dann bewegt das noch einmal etwas anders in mir als die Glasschwingung allein.

Energie-Zuordnung: *1*

GLIMMER

Einverständnis mit dem Leben

Heute brauchen wir nichts nötiger als dieses Einverständnis. In Zeiten, da die Erde auseinander zu brechen scheint, wo es nichts gibt, woran wir uns halten können in der materiellen Welt, führt uns Glimmer in eine Ebene, die uns bis dahin vielleicht unbekannt war. Wir ahnen, daß es mehr gibt, als wir sehen, hören und verstehen können. Wir ahnen, dass es Gott gibt und Gott in jeder Materie lebt. Die Gottesenergie belebt selbst jene Dinge, die wir Menschen geschaffen haben und die wir so oft als tot abstempeln.

Ein Stein für Menschen, die ihren geistigen Weg gerade beginnen, und für solche, die eine nächste - und wieder eine nächste - Stufe erklimmen wollen. Ein Stein auch für große Seelen, denen die Gefahr droht, den Bezug zum Einfachen zu verlieren.

Glimmer:	*EINFACHES ERKENNEN*
Zusammensetzung:	*unterschiedlich*
Härte:	*2,5 - 3*
Farbe:	*farblos, weiß, braun, rötlich violett, rosa, violett, dunkelgrün, schwarz*
Fundorte:	*weltweit*

Energie-Zuordnung:	*3*

GOLDBERYLL

AUGE DES LEBENS - WÄCHTER DER SONNE

Im besten Sinne ein goldener Stein. Botschaft: „Achte das Leben und vergiß die Sonne in deinem Herzen nicht."

Der Goldberyll ist nach dem gelben Saphir der kraftvollste unter den gelben Steinen. Seine Energie ist von großer Klarheit, aber nicht ganz so streng zielgerichtet wie der gelbe Saphir. Etwas wie Milde und Güte umfängt uns, wenn wir uns auf diesen Stein einlassen. Aber kein Zweifel, er bewirkt intensive Prozesse in kürzester Zeit. Das Leuchten, das von ihm ausgeht, gehört zu der Ausstrahlung, in die wir uns gern hineinbegeben: Klarheit und Wahrheit, verbunden mit Licht und Liebe. Der Goldberyll bedeutet für viele von uns eine Art Heimkehr, ein Gefühl für unser Ganzheitswesen, ein Verständnis für göttliche Lichtenergie, ein Aufwachen zu einer tieferen Gottverbundenheit. Er sei all denen empfohlen, die Gott lieben und Ihm näher sein möchten. Der Goldberyll schafft eine direkte Verbindung.

Goldberyll:	*WÄCHTER DER SONNE*
Zusammensetzung:	$Be_3Al_2[Si_6O_{18}]$
Härte:	*7,5 - 8*
Farbe:	*hellgelb bis goldgelb*
Fundorte:	*Brasilien, Sri Lanka (Ceylon), Südwestafrika,*

Energie-Zuordnung:	*1*

GOLDFLUSS

Humor

Wandelndes Entzücken, lächelnde Freude. Spaß am Leben.

Sternchen in meiner Hand. Leichtigkeit des Lebens. Täuschung.

Goldfluss bezwingt unsere ernsthafte Natur. Er lehrt: Lache über dich. Lache über dich. Lache über deine Beurteilungen, über deine Scheu, das Leben zu genießen in seiner ganzen Pracht.

Gut für Menschen mit starken Vorurteilen.

Goldfluss:	*LAUNE*
Zusammensetzung:	*Künstliches Glas mit Flimmerteilchen*
Härte:	*5 - 5,5*
Farbe:	*meist rotbraun oder dunkelblau mit leuchtenden Pünktchen*

Energie-Zuordnung:	*1*

GRANAT, FARBLOS (Leukogranat)

FREUDE - PLÖTZLICHES AUFTRETEN VON LÖSUNGEN

Alle Steine der Granatgruppe sind mit dem Prinzip der Liebe und der Kraft verbunden. Unter dem Einfluss dieses Steines lernen wir, in Wunder zu vertrauen. Wenn wir alles getan haben, was unser innerer Aufruf war, dann dürfen wir auf ein Wunder hoffen. Mehr noch, wir haben uns das Recht darauf erworben.
Gott lehrt, dass es Gesetzmäßigkeiten gibt. Wenn ich alles gebe, um ein geistiges Ziel zu erreichen, wird Gott das Seine tun. Was für Ihn folgerichtig und Gesetz ist, wird von uns meistens als Wunder angesehen.
Die Botschaft dieses Edelsteines lautet: „Wenn du alles ausgeführt hast, worum Gott dich gebeten hat, dann öffne deine Arme und empfange dein Wunder. Gott liebt dich."

Granat:	*WUNDER ERWARTEN*
Zusammensetzung:	$Ca_3Al_2[SiO_4]_3$ *Leukogrossular*
Härte:	*6,5 - 7,5*
Farbe:	*farblos*
Fundorte:	*Tansania*

Besonderes: Hier kommt es wieder sehr auf unser Verständnis für die Wirkung der Edelsteine an. Dieser Granat *bewirkt* kein Wunder. Aber durch ihn wird der Impuls gesetzt, unsere Aufgabe(n) beenden zu wollen. Die Eigenschaften, die wir hierfür benötigen - wie Kraft, Mut, Geduld, Ausdauer, Überwindung usw. -, können uns andere Steine geben. Wenn wir unsere Aufgabe vollendet haben, kann unser Wunder eintreten.

Energie-Zuordnung: *1*

GRANAT, GELB

EMPORHEBUNG ZUM LICHT

Der gelbe Granat gibt Kraft und Erfüllung. Er verbindet das Prinzip der Liebe mit dem der Sonne. In seinem Schwingungsfeld erleben wir Freude, die aus dem Herzen kommt, weil wir an uns glauben, weil wir wissen, dass wir für Liebe und Glück geschaffen sind und beides erleben dürfen. Dieser Stein verspricht uns, dass das Leben *Freude* ist und dass wir die Kraft haben, Freude zu erleben. Wenn wir ihn anwenden, durchfließt uns Liebe, und Sonne durchströmt uns. Kein Stein beeinflusst unser Selbstbewußtsein so stark wie dieser. Wir Vertrauen in uns, wir leben unsere Kraft, wir sind *eins* mit uns, unserem Leben, unserer Aufgabe.

Wir sollten einen gelben Granat besitzen, er ist von unschätzbarem Wert.

Granat, gelb:	*ERFÜLLUNG - FREUDE*
Zusammensetzung:	*$Ca_3Al_2[SiO_4]_3$ Hessonit - (Mg, Mn)$3A1_2[SiO_4]_3$ Umba-Granat*
Härte:	*6,5 - 7,5*
Farbe:	*zitronengelb-goldgelb*
Fundorte:	*überwiegend Sri Lanka (Ceylon) und Tansania*

Besonderes: Hier sind kräftig gelbe Steine gemeint, ohne eine Abweichung in zimt oder goldbraun. Die eigentlichen Hessonite bewegen sich zwischen orange und bräunlich. Je weniger Eisen sie aber enthalten, desto heller und gelber können sie sein.

Energie-Zuordnung: *1*

GRANAT, ROT: Almandin

ABBILD DES LEBENS

„Ein Abbild allen Lebens wohnt in fernen Welten", spricht der Stein. „Was ihr geschaffen habt auf dieser Erde, ist Energie, die sich lebendig fortsetzt. Jeder Gedanke, jedes Wort sind Wellen, die unvorstellbar ferne Horizonte erreichen, die aufgehoben sind in Zeit und Raum, bis sie erlöst und verändert werden durch den, der sie gedacht oder gesprochen hat.
Erlöse dich und heile diese Welt. Dann wirst du andere Welten heilen können. Verstehe, dass du wichtig bist mit jeder Äußerung deines Seins, dass Schmerz und Glück in deinen Händen liegen. Erlöse beides und erfahre den Zustand jenseits dieser Energien. Schaffe dir in deinem Leben einen Raum, in den du eintrittst, um ihn zu vergrößern. Erkenne, dass es mehr gibt, als du erfassen kannst. Erkenne aber unbedingt, dass der Schlüssel zu den Allerhöchsten Energien in dir ruht, bis du ihn benutzen kannst. Bitte darum, dass er sich erst in deine Hände schmiegt, wenn du ihn zum Segen aller einsetzen wirst.
Begreife auch, daß Gott dich gebeten hat, *groß* zu sein. Überwinde alles. Erkenne die Herrlichkeit Gottes im Spiegel und begib dich auf die Suche nach dem Gott der Götter in den Räumen der Auferstehung."

Almandin:	*AUFERSTEHUNG*
Zusammensetzung:	$Fe_3^{2+}Al_2[SiO_4]_3$
Härte:	*7 - 7,5*
Farbe:	*rot mit einem Violett- oder Blaustich*
Fundorte:	*Österreich, Schweden, USA, Simbabwe, Madagaskar, Brasilien, Sri Lanka (Ceylon)*

Besonderes: Eine Frau trug eine Kette eine Woche lang. Sie äußerte das Gefühl, dass ihre verstärkt aufgetretene Menstruation mit dieser Kette zu tun hätte. Ich erklärte ihr, daß die Botschaft (Energie) des Almandins bei ihr ein Loslassen bewirkt hatte. Unbewusst war sie heimgekehrt. Diese Art von Loslassen kann die vielfältigsten Auswirkungen haben.

Energie-Zuordnung: *1*

GRANAT, ROT: Pyrop

LIEBE - MUT ZUM LEBEN - KRAFT

Dieser Grant ist ein Kraftstein. Er geht mit dem Kopf durch die Wand. Da er uns mit dem Symbol der LIEBE verbindet, einer sehr irdischen Liebe, einer GANZHEITLICHEN Liebe, fordert er uns zu Handlungen heraus, die in Liebe begründet sind. Kein Stein verbindet uns mehr mit dem Prinzip der „Liebe im Alltag“. Die wirkliche Liebe - zu ALLEM - ist selbstlos und bedingungslos. Der Granat gibt uns Kraft und Mut, diese Liebe zu leben. In seiner Schwingung fällt es uns auch leichter, zu verzeihen.
Ein idealer Stein für Ehepaare, die sich nicht mehr lieben. Ein hervorragender Stein für alle, die ihre innere Liebe leben wollen, sie in die Tat umsetzen möchten. Erst in der Tat sind wir Schöpfer in diesem Universum. Erst in der Tat sind wir wahrhaftig göttlich. Vorausgesetzt, sie ist aus göttlicher Liebe entstanden. Da die göttliche Liebe in unserem Herzen wohnt, ist jede Handlung göttlich, die unserem Herzen entspringt. Als Menschheit sind wir aber so verletzt, dass uns mancher Akt der wahren Liebe Überwindung kostet. Nur durch das LEBEN unserer LIEBE können wir diese Erde retten, können wir als Menschheit überleben. Der Granat hilft.

Pyrop:	*LIEBE - MUT - KRAFT*
Zusammensetzung:	$Mg_3Al_2[SiO_4]_3$
Härte:	*7 - 7,5*
Farbe:	*blutrot, oft braunstichig*
Fundorte:	*Afrika, Indien, Böhmen*

Besonderes: Im Mittelalter wurden Granate und andere rote Steine Karfunkelsteine genannt. Die sehr preiswerten Granatketten, die wir überall auf dem Markt finden, können Pyrop oder Almandin sein.

Energie-Zuordnung: *1*

GROSSULAR (Granat)

Erkennen unserer Kraft

Der Grossular bringt uns an Grenzen unserer Kraft. Damit zeigt er aber auch auf, *wie viel* Kraft uns zur Verfügung steht, und das ist immer mehr, als wir glauben.

Wir leben auf dieser Erde, um unsere Kraft zu erproben, unsere Weisheit zu stärken, unsere Liebe zu leben. Dieser Stein enthält alle drei Schwingungen, verweist uns aber auf unsere KRAFT. Mit ihm können wir viel erreichen. Da er mit Weisheit und Liebe verbunden ist, werden wir unsere Kraft weise einsetzen.

Gossular:	*FRIEDEN IN MIR*
Zusammensetzung:	$Ca_3Al_2[SiO_4]_3$
Härte:	*6,5 - 7,5*
Farbe:	*grün, rosa, gelblich, kupferbraun (oft mit schwarzen Pünktchen)*
Fundorte:	*Sri Lanka (Ceylon), Kanada, Pakistan, Südafrika, Tansania, Russland, USA*

Energie-Zuordnung: *1*

HÄMATIT

Mut - Mut - Mut

Diese Steinqualität sollten wir nutzen, wo immer wir können. Wer viel Hämatit trägt, wird Überraschungen erleben. Das Leben wird farbiger. Durch die Schwingung des Mutes, die sich auf uns überträgt, werden wir anders handeln als gewöhnlich. Wir wagen mehr und das beeinflusst natürlich unser Leben auf die unterschiedlichste Weise.
Wer einen Hämatit liebt, gewinnt einen Freund für immer. Er stärkt und heitert auf.

Hämatit:	*MUT*
Zusammensetzung:	Fe_2O_3
Härte:	*5,5 - 6,5*
Farbe:	*anthrazit, schwarz, braunrot*
Fundorte:	*England, Deutschland, auf Elba, Norwegen, Schweden, Spanien, Brasilien, Neuseeland, USA, Taiwan*

Besonderes: Wenn Hämatit poliert wird, glänzt er metallisch silbrig dunkelgrau. Wird er geschliffen, färbt sich das Schleifwasser blutrot, daher wurde und wird er auch Blutstein genannt. Im Aussehen ist Hämatit von Magnetit nicht zu unterscheiden. Hier kommt es auf die Strichfarbe an; bei Hämatit ist sie rot bis rotbraun, bei Magnetit schwarz. Die so genannte Strichfarbe eines Steins stelle ich fest, indem ich mit ihm über unglasiertes Porzellan streiche (z. B. Rückseite eines Teller oder einer Kachel).

Energie-Zuordnung: *3*

HELIODOR (Beryll)

Stein der Götter - Tor zum Licht

Dieser Stein steht unserem Herzen am nächsten. Kein anderer Stein schafft den Durchbruch ins Licht, den Durchbruch zu uns, unseren Stärken und Aufgaben so zielstrebig und folgerichtig wie er. Allerdings - es muß die rechte Zeit sein, dass wir ihn benutzen. In vielen Phasen unseres Lebens wird er uns gar nichts sagen, wir werden ihn als unscheinbar empfinden. Zur rechten Zeit öffnet er uns das Tor zur göttlichen Liebe, und wir werden sehend. Kein Stein hilft uns so sehr, Verantwortung für unser Leben zu übernehmen. Kein Stein nimmt uns derart kraftvoll an die Hand, um die Schwelle zum Licht zu übertreten. Da stehen wir nun - im Licht - geborgen in der Liebe Gottes, wissend um die Gesetze des Lebens, und Erkenntnis um Erkenntnis widerfährt uns. Wir werden reif, wir stehen auf zu unserer Größe, wir sind bereit für *alles*.
Wer sich vom Heliodor gerufen fühlt, ist sich seiner Göttlichen Größe und seiner menschlichen Aufgabe endlich bewusst. Er schreitet zu neuen Taten, immer im Licht, immer verbunden. Der Stein für Neubeginn und Wiedergeburt. Der Stein, der Sonne (gelb) und Heilung (grün) mit der Schärfe und Klarsicht der Berylle verbindet.

Der Heliodor erschließt sich wenigen. Gesegnet, zu dem er kommt. Botschaft: „Ich bin der Hüter des Lebens. Gott ist in mir. Wer mich trägt, erkennt seine Göttlichkeit."

Heliodor:	*TOR ZUM LICHT*
Zusammensetzung:	$Be_3Al_2[Si_6O_{18}]$
Härte:	*7,5 - 8*
Farbe:	*grünlich gelb*
Fundorte:	*Brasilien, Madagaskar, USA, Südafrika*

Energie-Zuordnung:	*1*

HELIOTROP (Blutjaspis)

Aufbau der körperlichen Ebene

Der Heliotrop in ein wichtiger Stein für die körperliche Ebene. Er gibt uns Kraft und Mut, uns mit unserer Körperlichkeit auseinander zu setzen. Er regt Reinigungsprozesse an und kann Gifte aus dem Körper ziehen. Aber Achtung - für derartige Wirkungen brauchen wir mehrere und immer neue Steine und noch andere Bedingungen.

Mit Hilfe von Edelsteinen und Mineralien können wir tatsächlich körperliche Krankheiten beeinflussen, aber dazu bedarf es vieler Steine - wenn auch nur wenige Sorten - und sie müssen anschließend der Erde zurückgegeben werden, um sich zu regenerieren. Für bestimmte Zwecke reichen einzelne Steine, die aber meistens von besonderer Größe und Qualität sein müssen.

Für uns gilt: Wir sollten den Heliotrop immer dann tragen, wenn wir Unterstützung und Hilfe für unseren Körper benötigen. Er setzt Impulse für Heilungsmöglichkeiten.

Heliotrop:	*KÖRPER*
Zusammensetzung:	*SiO_2*
Härte:	*7*
Farbe:	*dunkelgrün mit roten Punkten*
Fundorte:	*Indien, Sibirien, Nordafrika, USA, China, Australien*

Besonderes: Dieser Stein ist sehr wichtig für die körperliche Ebene. Wir benutzen ihn auf die übliche Weise. Er eignet sich aber auch gut, um z. B. zwei Ketten miteinander zu verbinden und um die Taille zu tragen.

Energie-Zuordnung: *3*

HERKIMER-QUARZ

Erschütterung unseres Innersten

Der Herkimer-Quarz zeigt mit absoluter Deutlichkeit auf, in welchen Prozessen wir uns befinden. Er erlaubt uns, ehrlich mit uns zu sein. Er gibt uns Mut zur Veränderung und Klarheit über unsere Fähigkeiten, uns selbst zu helfen.
Ein guter Stein für diejenigen, die äußere Hilfe nicht annehmen wollen.

Herkimer-Quarz:	*ERSCHÜTTERUNG*
Zusammensetzung:	SiO_2
Härte:	*7*
Farbe:	*farblos*
Fundorte:	*Nordamerika*

Besonderes: Der Herkimer-Quarz ist ein Bergkristall, der meist doppelendig gefunden wird. Früher wurde er Herkimer-Diamant genannt. Er strahlt intensiver als der typische Bergkristall und ist noch kraftvoller als dieser. In seiner vollendeten Form ist er einzigartig - wie so viele Edelsteine und Mineralien.

Energie-Zuordnung: *1*

HESSONIT (Granat)

SELBSTVERTRAUEN - URKRAFT

Vertrauen durchströmt mich. Ich besinne mich auf mich und meine ureigenen Kräfte. Viele Leben habe ich gelebt, viele Tode bin ich gestorben. Ich bin reich an Erfahrungen und Fähigkeiten. Es gibt immer einen Ausweg, es gibt immer ein Ziel, das ich erreichen kann. Ich bin Schöpfer meiner Lebensumstände. Ich kann sie verändern. Ich höre nach innen und ich finde meinen Weg.

Ich bin ein Kind Gottes und lebe ewig. Der Weg durch die Materie in nur eine Aufgabe für mich. Ich kann ihn gelassen gehen.

Der Hessonit liebt die Menschen. Er ist ihnen ähnlich. Indem er alles Genannte bewirkt, dient er den Menschen. Er dient gerne.

Hessonit:	*SELBSTVERTRAUEN*
Zusammensetzung:	$Ca_3Al_2[SiO_4]_3$
Härte:	*6,5 - 7,5*
Farbe:	*braunorange, goldbraun bis braun, auch zartes, durchsichtiges Zimt oder ganz zartes Cognac (fast braungold, aber hell)*
Fundorte:	*überwiegend Sri Lanka (Ceylon)*

Besonderes: Es werden kräftig braune Ketten und Steine angeboten. Spezielles Augenmerk sollten wir auf die leicht zimtfarbenen facettierten Hessonite legen.

Energie-Zuordnung: *1*

HONIGCALCIT

WÄRME - FREUDE - ZUVERSICHT

Sonne des Lebens - dieser Stein symbolisiert sie. Er wärmt uns *sofort*, er erfreut uns augenblicklich, er baut uns auf. Mit diesen Schwingungen wird es zu den unterschiedlichsten Auswirkungen kommen! Wunderbar! Jede einzelne wird uns gefallen! *Sonne*, die Energie, nach der wir alle lechzen - dieser Stein überträgt sie auf uns. Eine Art Erste-Hilfe-Stein für viele Gelegenheiten.

Er übt auch starken Einfluß auf den Körper aus.

Honigcalcit:	*WÄRME*
Zusammensetzung:	*$Ca[CO_3]$*
Härte:	*3*
Farbe:	*honiggelb, goldgelb, manchmal zartes Gelb mit Weiß*
Fundorte:	*Rumänien, Mexiko, USA*

Besonderes: Unter Honigcalcit ist der undurchsichtige, kräftig gelbe Calcit gemeint. Der durchsichtige, eher bräunlich goldene Calcit wird meistens Goldcalcit genannt. Unter seinem Einfluss empfinden wir Trost und Wärme.

Energie-Zuordnung: *2*

HONIGOPALITH

Verbindung mit der Natur

Der Honigopalith besänftigt das Gemüt. Er klärt Missverständnisse und gibt uns Kraft für einen Neubeginn. Er löst Probleme auf ungewöhnliche Weise: In seiner Schwingung erwacht unser Widerspruchsgeist, wir besinnen uns auf unsere eigenen Kräfte, wir fühlen uns nicht mehr als Opfer.

So fördert er Kreativität und Wachstum. Er schenkt uns Ruhe, weil wir die Lösung unserer Probleme absehen können. Ein guter Stein für Kinder.

Honigopalith:	*RÜCKBESINNUNG*
Zusammensetzung:	$SiO_2 \cdot nH_2O$
Härte:	*5,5 - 6,5*
Farbe:	*gelbbraun, dunkel gemasert*
Fundorte:	*Brasilien*

Energie-Zuordnung: *3*

HOWLITH

ERSCHÜTTERUNG UNSERER STRUKTUREN

Ein Stein mit kompakter Energie. Er symbolisiert das Ringen des Menschen um Licht. Obwohl leicht zu beeinflussen (poröser Stein, gut zu färben), trägt er die Schwingung des Vertrauens in sich. Wir benutzen ihn, um diese Eigenschaft deutlicher zu fühlen. Im Gegensatz zum Rosenquarz, der Vertrauen mit Leichtigkeit und Freude verbindet, macht uns der Howlith unser Ringen um Vertrauen bewusst. Ein guter Stein für Anfänger auf dem geistigen Pfad.

Es ist wichtig, dass wir dieses Ringen, diese Unfähigkeit in uns spüren, zu allem Neuen in unserem Leben freudig *Ja* zu sagen, denn dadurch werden uns Ängste und Begrenzungen bewusst. Wenn wir wissen, wie wenig Vertrauen wir leben und wie schwer es uns fällt, zu glauben, dass Gott für uns sorgt, dann hilft uns der Rosenquarz weiter und der wiederum führt uns zu anderen Steinen. Unsere Entwicklung in ein WEG. Auch bei der Anwendung von Edelsteinen.

Howlith:	*VERTRAUEN - WACHSTUM*
Zusammensetzung:	$Ca_7[B_3O_4(OH)_2/Si_2B_4O_{10}(OH)_6]_2$
Härte:	*3,5 - 4,5*
Farbe:	*schneeweiß oder weiß mit schwarzen, grauen und braunen Adern*
Fundorte:	*USA, Kanada*

Besonderes: Wird oft blau gefärbt und als Türkis verkauft.

Energie-Zuordnung: *3*

IOLITH

Verzicht auf Liebe nimmt mir die Wurzeln

Der Iolith erweckt in uns den Hunger nach Liebe. Einer Liebe, die mit uns selbst zu tun hat. Wann akzeptiere ich mich endlich? Wann achte und ehre ich mich genug? Wann kann ich reinen Herzens sagen „Ich liebe mich."?

Der Iolith lässt uns erkennen, dass wir uns nicht lieben. Da wir innerlich aber wissen, dass wir nichts sind ohne Liebe zu uns selbst, weckt er unsere Sehnsucht. Wenn ich mich aufrichtig liebe - ohne Bedingungen -, bin ich auch fähig, andere zu lieben, liebe ich Gott. Wahre Eigenliebe hat nichts mit Selbstsucht zu tun. Wenn ich mich endlich liebe, habe ich verstanden, dass Gott mich liebt, habe ich verstanden, dass ich göttlich bin, wenn auch in begrenzender Materie. Die Liebe zu mir selbst schließt das Verzeihen ein und das Verstehen meiner Möglichkeiten und Begrenzungen. Liebe zu mir macht mich frei. Liebe zu mir erlöst. Sie befähigt mich zu geben. Liebe zu mir lässt mich eins sein mit Gott.

Der Iolith erweckt den verzehrenden Wunsch in mir, mich zu lieben. Wenn der Wunsch geweckt ist, benötige ich andere Steine, um mich mit meiner Liebe zu verbinden.

Iolith:	*WUNSCH NACH LIEBE*
Zusammensetzung:	$Mg_2Al_3[AlSi_5O_{18}]$
Härte:	*7 - 7,5*
Farbe:	*Blautöne*
Fundorte:	*Burma, Brasilien, Sri Lanka (Ceylon), Indien, Madagaskar*
Energie-Zuordnung:	*2*

JADE/JADEIT

VOLLKOMMENHEIT - LIEBE

Jade geht in unser Herz. Heilung geschieht durch inneren Frieden. Die Jade schenkt uns diesen Frieden - wenn wir reif dafür sind. Sonst schenkt sie uns Beruhigung und die *Erinnerung* an Vollkommenheit. Jade beruhigt unser Herz, weil sie mit Gottvertrauen verbunden ist und dem Wissen um Heilung. Wer Jade liebt, SEHNT sich nach Heilung, die unser ganzes Wesen umfasst. Die Erinnerung an das Paradies in uns lebt in uns weiter. Das Wissen um unsere Möglichkeiten, auf der Erde ein Paradies schaffen zu können, ebenfalls. Kleinmut und Verzagtheit haben uns ergriffen. Wir glauben, auf der Erde nichts ändern zu können, und vergessen dabei, dass wir die Erde geschaffen haben, *wie sie jetzt für uns sichtbar ist*. Kriege und Nöte sind unsere Errungenschaften, Unwahrheit und Raubbau sind *unsere* Entscheidung, Schmerz und Tod *unsere* Verantwortung. Wir sollten eine Erde schaffen, auf der Menschen in Frieden leben können. Wir sind befähigt, Fülle zu schaffen für alle, Freiheit des Geistes für jeden.
Solange wir Fülle mit Gier verwechseln und Freiheit mit Durchsetzungsvermögen, haben wir keine Chance. Die Jade in ihrer sanften Schwingung erinnert an die Vollkommenheit in uns, an unsere Fähigkeit, aus dieser Vollkommenheit heraus zu leben und zu entscheiden. Jede Entscheidung von *innen* ist gut für die ganze *Welt*. Die Jade ist ein großer Heiler. Ihr Anschluss an Vollkommenheit und damit an die ABSOLUTE LIEBE kann uns heilen. Die meisten Steine, die als Jade angeboten werden, sind keine. Hier ist Wissen wichtig und die Kraft der Unterscheidung, zwei Voraussetzungen auf dem Weg zur Vollkommenheit.

Jade / Jadeit:	*VOLLKOMMENHEIT*
Zusammensetzung:	*$NaAl[Si_2O_6]$*
Härte:	*5,5 - 7*
Farbe:	*grün, auch andersfarbig*
Fundorte:	*China, Neuseeland, Russland, Burma, Kanada, USA, Polen*

Besonderes: Unter der Bezeichnung JADE werden sehr viele grüne Steine angeboten, am häufigsten Serpentin und Nephrit. In diesem Buch unterscheiden wir Jadeit, Nephrit und Serpentin. Alle Billigartikel in hellem Grün werden aus Serpentin oder anderen Materialien hergestellt. Serpentin ist ein eigenständiges Mineral, manchmal auch mit schwarzen Einschlüssen und oft nicht zu unterscheiden von Jade. Aber Serpentin ist viel weicher und hat in jedem Fall eine andere Schwingung als Jadeit und Nephrit. Die Letzteren sind sich sehr ähnlich und werden auch in den Herkunftsländern überwiegend als Jade bezeichnet.

Energie-Zuordnung: *2*

JASPIS

Kraft und Ausdauer

Der Jaspis ist ein Kraftstein. Er macht Mut zum Überleben. Er verleiht Ausdauer und Zähigkeit. Er überträgt sein Feuer auf uns.

In seiner Gegenwart fühlen wir uns kraftvoll und sicher. Er stärkt unser Selbstbewusstsein und gibt uns Frieden, jenen Frieden, der uns erfüllt, wenn wir die Arbeit geleistet haben, die wir uns vorgenommen haben.

Jaspis:	*KRAFT - AUSDAUER*
Zusammensetzung:	SiO_2
Härte:	*7*
Farbe:	*rot, rotbraun und viele Farbtöne, oft gestreift oder gefleckt*
Fundorte:	*weltweit*

Besonderes: Es gibt viele Jaspis-Arten. Jaspis ist immer mit dem Kraftprinzip verbunden. Er erdet. Vorzugsweise ist hier aber der rötliche gemeint. Denn auf Grund seiner unterschiedlichsten Ausbildungen ist Jaspis mit vielen Fantasienamen belegt. Jede Art besitzt ihre eigene Schwingung. Probieren Sie unterschiedliche Steine aus und entdecken Sie dadurch weitere Freunde!

Energie-Zuordnung: *3*

KARNEOL

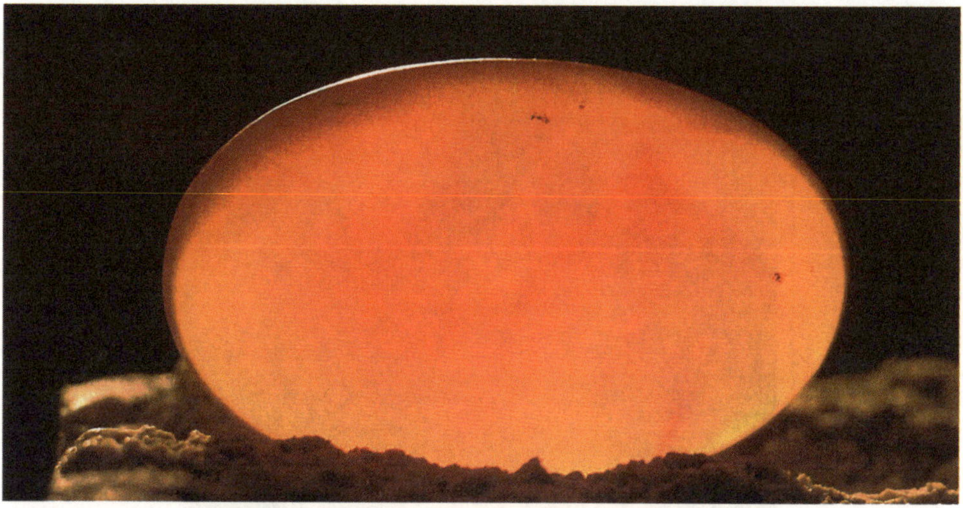

LEBENSFREUDE - KRAFT - SEXUALITÄT

Feuer im Stein bewirkt Feuer in uns. Der Karneol wärmt intensiv. Tatsächlich kann er Fieber erhöhen. Wir benutzen ihn meistens, um aktiver zu werden, um unsere Lebensenergie besser zu spüren, um uns zu schützen vor Lethargie.

Er kann bewirken, dass sich unsere sexuelle Lust steigert, dass wir mehr Freude beim Geschlechtsakt empfinden, dass wir wagen, unsere Lust zu *leben.* Er ermutigt uns zu Entdeckungsreisen beim Partner, er steigert unser Wohlbefinden mit unserem Gegenüber und er inspiriert uns zu fröhlichen, kindlichen Spielen.

Der Karneol ist ein ernsthafter Stein, der vor Kraft und Lebensenergie nur so strotzt. Er kann aber auch zart sein. In jedem Fall lässt er uns an seinen Eigenschaften teilhaben. Mit ihm können wir erfahren, wie sich ein prall gefülltes Leben anfühlt: Lebensfreude, Leichtigkeit, Lachen, Kraft und Mut. Mut zur Liebe, Mut zum Leben - der Karneol lebt es uns vor.

Karneol:	*LEBENSKRAFT*
Zusammensetzung:	SiO_2
Härte:	*7*
Farbe:	*hellrot bis rotbraun*
Fundorte:	*klassisch: Indien (sonst Brasilien, Uruguay)*

Besonderes: Der typische Karneol kommt aus Indien. Dort gibt es die schönsten Rottöne. Was unter Karneol angeboten wird, ist meistens gefärbter Achat/Chalzedon. Der Sarder gehört in diese Familie, sieht aber bräunlich aus. Wir suchen den echten Karneol aus Indien und kaufen die gefärbten nach Gefühl.

Energie-Zuordnung:	*3*

KORALLE, BLAU

Vertrauen in das Leben -
Hoffnung auf Rettung durch die Menschen

Die blaue Koralle mahnt: Kehrt um! Bewegt euch in die Richtung des Lebens, arbeitet nicht länger gegen das Leben und seine Gesetze. Sie mahnt und mahnt.

Wer sie trägt, hat verstanden, dass das Leben Liebe ist, weiß aber noch nicht, wie Liebe zum Wohle aller gelebt werden kann.

Ein winziges Stück der blauen Koralle genügt, um uns nachdenklich zu stimmen und uns innerlich mit dem zu verbinden, was unsere Aufgabe ist: Erhalt des Lebens.

Koralle, blau:	*ERHALT DES LEBENS*
für alle Korallen (einschl. Stamm) gilt:	
Zusammensetzung:	*$Ca(CO_3)$*
Härte:	*3 - 4*
Fundorte:	*in den Weltmeeren*
Energie-Zuordnung:	*2*

KORALLEN-STAMM

GNADE - ERFRISCHUNG DES KÖRPERS

Diese Koralle lehrt eine wichtige Lektion: Auch das, was als minderwertig betrachtet wird, kann eine große Energie enthalten.

Der Korallen-Stamm ist mit den „echten" Korallen verbunden, sie sind ein Ganzes - Koralle und Stamm. Daher beinhaltet der Stamm dieselbe Energie wie die Koralle selbst, allerdings gröber, weniger ausgeprägt, wie ein verschwommenes Spiegelbild vielleicht, oder wie ein undeutlicher Abzug. In Zeiten, wo uns die unwiederbringliche Kostbarkeit der Korallen bewusst wird und unser Karma mit ihnen, sollten wir auch dankbar zu dieser Hilfe greifen.

Korallen-Stamm: *EINSSEIN MIT DEM GANZEN*

Energie-Zuordnung: *3*

KREUZSTEIN (Chiastolith/Andalusit)

Ernst des Lebens - Erinnerung an den Tod

Dieser Stein stärkt unsere Ernsthaftigkeit. Er begleitet uns auf der Suche nach dem Sinn des Lebens und des Sterbens. Er lehrt uns Achtung vor uns selbst und unseren inneren Kämpfen. Das Ringen um Wahrheit führt uns durch viele Tode. Dieser Stein versichert uns, dass uns jeder Tod der Erlösung näher bringt.

Kreuzstein:	*TOD*
Zusammensetzung:	*$Al[AlSiO_5]$*
Härte:	*7,5*
Farbe:	*grau-beige-bräunlich schwarz mit einer Kreuzzeichnung*
Fundorte:	*Südaustralien, Bolivien, Chile, Frankreich, Spanien, Russland, USA*

Energie-Zuordnung:	*3*

KUNZIT (Spodumen)

WONNE - FREUDE AM LEBEN

Der Kunzit ist ein Geschenk der Götter an uns Menschen! Er verspricht Gefühle der WONNE und er hält sein Versprechen. Die Strahlung der reinen Liebe durch diesen Stein wärmt uns sehr. Denn er verlangt ja nichts von uns, im Gegenteil, er verspricht! Er redet von der Liebe Gottes und von dem Geschenk des Himmels an die Menschen:
LIEBE - LIEBE - LIEBE:
Wer an der Liebe verzagt ist und sich gescheitert glaubt, fasst hier neuen Mut. Er versteht, dass Liebe ganz anders ist, als wir immer glauben - und so einfach! Er wagt sein Herz zu öffnen und gibt sich Glück und WONNE hin.

Kunzit:	*WONNE*
Zusammensetzung:	*$LiAl[Si_2O_6]$*
Härte:	*6,5 - 7*
Farbe:	*rosa, violettrosa,*
Fundorte:	*Brasilien, Madagaskar, Afghanistan, Pakistan, USA*

Besonderes: Vorsicht, wenn wir solche Steine zum Fasser geben. Versuchen Sie, einen fertigen Ring oder Anhänger zu finden, oder lassen Sie den Stein dort verarbeiten und fassen, wo Sie ihn gekauft haben, denn das Dreiergespann Spodumen-Kunzit-Hiddenit ist sehr leicht spaltbar und sehr druckempfindlich. Manche Steine besitzen eine so hohe Spannung, dass sie noch nach dem Facettieren/Schleifen zerreißen. Klären Sie vor der Verarbeitung, ob Ihnen die Firma den Stein ersetzt, falls er reißt. Wenn Sie ihn dort kaufen, wo er auch verarbeitet wird, und die Firma groß und angesehen ist, wird sie vielleicht für einen eventuellen Schaden haften. Denken Sie andererseits daran, dass es keine Zufälle gibt. Es liegt an Ihrem Lebensweg und Ihrer Fähigkeit, zu geben, ob Ihnen die Steine erhalten bleiben oder nicht.

Energie-Zuordnung: 1

KYANIT (Disthen)

HALT - AUSDAUER - GLÜCK

Der Kyanit gibt uns ein Verständnis für Liebe. Er ermutigt, Liebe zu wagen. Er erweckt Hoffnung auf Liebe und verspricht Erfolg.

Wo Ausdauer benötigt wird, um den Weg der Liebe zu gehen, ist er ein guter Helfer.

Dieser Stein möchte geliebt werden. Es entspricht seinem Wesen, zu geben und zu nehmen. Er hat sein Leben der Liebe geweiht.

Kyanit:	*LIEBE UND GEDULD*
Zusammensetzung:	$Al_2[O/SiO_4]$
Härte:	*Längsachse 4,5, senkrecht dazu 6,5*
Farbe:	*bläulich weiß bis blau, seltener grün, gelblich, bräunlich*
Fundorte:	*Indien, Russland, Brasilien, USA, Afrika, Alpen*

Energie-Zuordnung:	*1*

LABRADORIT

Wahrheit - Wahrheit - Wahrheit

Der Labradorit fördert unser Wachstum durch Wahrheit und Wahrhaftigkeit. Er vermittelt uns, dass es keinen anderen Weg gibt als den der Wahrheit und dass es nichts SCHÖNERES gibt als Wahrheit. Wir fürchten sie nur, weil wir sie nicht verstehen. Wir begreifen nicht, dass unter jeder schmerzhaften Wahrheit die Erkenntnis unserer inneren Größe liegt. Der Labradorit will helfen. Dafür müssen wir nach innen gehen. Unter unserer Maske, unseren Illusionen liegt unser negatives Selbst. Das zu erkennen und zu akzeptieren bewirkt Reife. In dem Ja zu dieser Seite, liegt der Schlüssel zu unserem Höheren Selbst, zu unserer göttlichen Qualität. Wir sind Kinder Gottes. Aber dieses Wissen und Verstehen öffnet sich uns erst, wenn wir unsere dunkle Seite erkennen und akzeptieren, wenn wir sie umarmen. Wenn ich nach Wahrhaftigkeit strebe, wenn ich bereit bin, meine ganze Wahrheit zu erkennen, werden mich immer Geschenke erwarten, die größten Geschenke. Gott ist wahr und wahrhaftig. Wir können es auch sein. Eingebettet in die Liebe des Labradorits erkennen und genießen wir unsere ganze Wahrheit.

Labradorit:	*WAHRHEIT UND WAHRHAFTIGKEIT*
Zusammensetzung:	*$(Ca, Na)[(Al, Si)_2Si_2O_8]$*
Härte:	*6 - 6,5*
Farbe:	*grau mit kräftig blauem Farbschimmer, auch mit türkisfarbenem und grünlich goldenem Glanz*
Fundorte:	*Kanada, Madagaskar, Mexiko, Russland, USA, Indien*

Besonderes: Labradorite können undurchsichtig und durchsichtig sein. Sie schillern in den erstaunlichsten Farben, meistens in kräftigem Blau. Es gibt ganz feine Steine, mit einem Schimmer von Rosa, Violett, Gelblich, Orange, Grün, Blau und Türkis. Sie haben zarte Einschlüsse und sehen oft unscheinbar aus - bis das Licht auf die richtige Weise einfällt und uns ein Blau oder Türkis geradezu blendet. Händler bieten Labradorite manchmal auch als Mondsteine an. Beide kommen aus der Familie der Feldspate.

Energie-Zuordnung: *2*

LAPISLAZULI

Kraft - Kraft - Kraft

Die intensive Kraft des Lapislazuli ist ein Geschenk Gottes. Nur wenige können ihn tragen. Er fordert uns ganz. Wer ihn trägt, sollte sich bewusst sein, daß er in intensive Lernprozesse geführt wird. Anders als bei anderen Steinen holt der Lapis viel Altes hoch. Das kann schmerzhaft werden. Er gibt uns aber auch die Kraft zur Transformation und Einsicht. Er gibt uns Einblick in unsere tiefsten Tiefen. Sehende werden seine Hinweise verstehen. Für andere werden die Erkenntnisprozesse unbewusst ablaufen, sie machen sich höchstens bemerkbar durch körperliche Symptome, Unruhe und Nervosität. Haben wir schon viel an uns gearbeitet, können wir diesen Stein im Bewusstsein unserer inneren Kraft tragen und uns wahrhaft mit ihm schmücken.
Der Lapislazuli will geliebt werden. In bester Qualität werden wir sehr viel Freude an ihm haben. Vorsicht bei Kindern. Der Stein könnte zu kraftvoll für sie sein und Angst machen. Möglichst nicht nachts tragen.

Lapislazuli:	*KRAFT UND EINSICHT*
Zusammensetzung:	*Hauptbestandteil Lasurit:* $Na_6Ca_2[(S, SO_4, Cl_2)_2/(Al_6Si_6O_{24})_2]$
Härte:	*5 - 6*
Farbe:	*leuchtendes Königsblau, kann zwischen Hellblau und Dunkellasurblau schwanken, den echten Lapis kennzeichnen feine Anteile von Pyrit*
Fundorte:	*Afghanistan, Russland, Chile*

Besonderes: Auch der Lapislazuli wird nachgeahmt. Die gängigste Version ist das Einfärben minderer Steinqualitäten. Der eingefärbte Nunkirchener Jaspis wird unter dem Namen Deutscher Lapis verkauft, oft aber einfach als Lapis angeboten. Hier helfen wieder vertrauenswürdige Edelsteinhändler oder Händler, die regelmäßig auf bekannten Edelstein-Börsen verkaufen und es sich nicht leisten können, ihren guten Ruf zu verlieren.

Energie-Zuordnung: *2*

LAVENDELJASPIS

Freude am Leben

Ruhe umfängt uns, wir atmen auf. Dann erfüllt uns Kraft; und dann sieht die Welt wieder ganz anders aus.

So kann man die Wirkung des Lavendeljaspis beschreiben. Diese Jaspisart gibt uns nicht nur Kraft und Ausdauer, sondern auch Ruhe und Beruhigung. Sehr zu empfehlen, wenn wir größeren Unruhezeiten entgegensehen, wenn wir befürchten, hektisch zu werden und unsere Gelassenheit zu verlieren, wenn wir etwas ausführen wollen, von dem wir meinen, dass uns eigentlich die Kraft fehlt. Ein Stein, der uns sehr liebt.

Lavendeljaspis:	*RUHE UND KRAFT*
Zusammensetzung:	SiO_2
Härte:	*7*
Farbe:	*blassviolett*
Fundorte:	*USA*

Energie-Zuordnung:	*3*

LAZULITH

RUHE - FRIEDEN

Der Lazulith beruhigt unsere Nerven, er löst Anspannungen und gibt uns Frieden.

Er bewirkt ein beständiges Nachdenken über den Sinn des Lebens. Somit ist er auch ein guter Stein für Herzkranke, weil er uns zu der Erkenntnis führt, dass nichts so wichtig ist wie die Verbindung zu Gott. Aus ihr erwachsen uns Kraft und Frieden, die Bereitschaft, zu lieben und zu lernen, die Bereitschaft, unseren Weg zu gehen. Um das zu erreichen, benötigen wir andere Steine.

Lazulith:	*GOTTESSEHNSUCHT*
Zusammensetzung:	$(Mg,Fe^{2+})Al_2[OH/PO_4]_2$
Härte:	*5 -6*
Farbe:	*himmelblau, indigoblau, bläulich weiß bis weiß*
Fundorte:	*Kanada, Brasilien, Indien, Madagaskar, Schweiz, Österreich*

Energie-Zuordnung: *3*

LEOPARDENJASPIS

Gnade als Selbstverständlichkeit

Manchmal sind die scheinbar unbedeutenden Steine die, die wichtige Botschaften in unseren Herzen aktivieren wollen. Dieser Stein sagt:
„Gott sieht dein Bemühen. Gott weiß, dass du Ihm folgst. Warum verzagst du, wenn Gott dir doch so nahe ist? Wer Gott folgt und ihm folgen will, hat das Höchste erlangt: das Anrecht auf jede Gnade. Aber wisse, dass Gott mehr ist als Gnade. Gott ist das Aufwärtsstreben in das Licht hinter dem Licht. Und du bist das auch. Gehe deine kleinen Schritte. Doch verstehe, dass es große sind auf der Ebene außerhalb von Zeit und Raum.

Tröste dein Herz mit dem Wissen, dass du eins bist mit allem. *Du bist.* Genieße das!“

Leopardenjaspis:	*GENIESSE DAS GESCHENK DER GNADE*
Zusammensetzung:	*SiO_2*
Härte:	*7*
Farbe:	*beige, schwarz-braun-grau-gelb-weiß gefleckt*
Fundorte:	*Brasilien*

Energie-Zuordnung:	*1*

LEPIDOLITH

Stärke in uns

Der Lepidolith zeigt Stärke in uns auf. Er beschränkt sich dabei auf die Qualitäten des Herzens. Aber er sorgt dafür, dass der Kopf sie anerkennt, dass Verstand und Ego allen Herzensqualitäten eine Chance geben, sich zu entfalten. Die Stimme des Herzens ist oft zaghaft, sie wird leicht unterdrückt. Hier ist ein Stein, der sich für sie einsetzt, der ein aufgeblasenes Ego in seine Schranken weist.

Lepidolith:	*STÄRKE*
Zusammensetzung:	$K(Li, Al)_3[(F,OH)_2/(Si,Al)_4O_{10}]$
Härte:	*2,5 -3*
Farbe:	*rosa bis rosaviolett, blaß violett, rötlich grau, weiß*
Fundorte:	*Europa, Kalifornien, Mosambik*

Energie-Zuordnung: *3*

MAGNESIT

Ein Stein für die Zukunft

Der Magnesit zwingt uns zur Stille. Er gibt uns Botschaften in die Hand, die wir noch nicht verstehen. In ein, zwei Jahren wird er sich uns eröffnen.

Gut für Leute mit Herzkrankheiten.

Magnesit:	*STILLE*
Zusammensetzung:	*$Mg[CO_3]$*
Härte:	*4 - 4,5*
Farbe:	*weiß, gelblich weiß, gelblich, bräunlich, gräulich weiß*
Fundorte:	*weltweit*

Besonderes: Magnesit wird häufig blau eingefärbt und als Türkis verkauft. Wir benutzen den ungefärbten.

Energie-Zuordnung: *1*

MAGNETIT

Löst Härte

Dieser Stein wird für die Zukunft sehr wichtig werden. Er löst Härte in uns, die auf einem Mangel an Liebe beruht. Wo wir hart sind, lieben wir nicht genug.

Der Magnetit macht uns diese Härte bewusst, gleichzeitig löst er sie auf. Das geschieht, indem er uns in einen Zustand versetzt, der uns befähigt, unsere Fehler anzunehmen. Es ist kein einfacher Stein. Aber indem er uns kräftigt und ermutigt, fühlen wir uns dennoch in seiner Schwingung wohl.

Magnetit:	*VERSÖHNUNG UND FREUDE*
Zusammensetzung:	$Fe^{2+}Fe_2^{3+}O_4$
Härte:	*5,5 - 6*
Farbe:	*anthrazitfarben, poliert mit Metallglanz*
Fundorte:	*Brasilien, Alpen, Norwegen, Schweden*

Energie-Zuordnung: *2*

MALACHIT

Hilfe für die Menschheit

Der Malachit ist ein großer Heiler. Er wirkt auf der körperlichen Ebene enorm schnell. Aus geistiger Sicht schafft er die Verbindung von Gott zu den Menschen auf eine sehr materielle Weise. Er heilt, wo immer er kann, das ist sein Wesen.
Abgesehen von seiner größten Aufgabe - der Einwirkung auf die körperliche Ebene - ist der Malachit ein Stein, der uns rückverbindet mit dem Wesen der Natur. So gibt er uns Kraft und Stärke, Verständnis und Wissen, Ruhe und Geborgenheit. In der Natur liegt alles. Alles, was wir über Gott wissen sollten, können wir in der Natur erkennen. Der Weg zu Gott führt auch über die Natur und über die Einfachheit des Herzens. Wenn wir alles verlieren, ist das immer ein Zeichen, neu zu beginnen, einfacher zu werden. So hilft der Malachit uns dabei, uns freiwillig zu trennen von dem, was nicht mehr zu uns passt, sei es ein Mensch, eine Idee oder Materielles. Das Leben ist Wandlung, und nur, wenn ich das eine oder andere loslasse, kann Neues auf mich zukommen. Der Malachit ist ein Lehrer dafür, dass uns alles gegeben wird, was *wichtig* für uns ist - und sehr viel mehr!

Malachit:	*WÄRME - HEILUNG*
Zusammensetzung:	$Cu_2[(OH)_2/CO_3]$
Härte:	*3,5 - 4*
Farbe:	*grün, meist gebändert*
Fundorte:	*Ural, Demokr. Republik Kongo (Zaire), Australien, Chile, Sambia, Simbabwe, Südwestafrika, USA*

Besonderes: Der Malachit ist ein sehr weicher Stein. Poliert sieht er wunderschön aus. Aber er kann sehr leicht stumpf werden. Malachitketten kann man nachpolieren lassen, was aber manchmal fast so viel kostet wie eine neue Kette. Ich empfehle eher Anhänger und Handsteine.

Energie-Zuordnung: *3*

MELANIT (Granat)

Reue - Sinn des Lebens

Wer einen Melanit liebt, fühlt in seinem Herzen den Tod.

Es gibt viele Tode. Wir sterben täglich. Aber täglich befreien wir uns auch von Schmerzen der Vergangenheit. In diesem Sinne wirkt der Melanit. Er zeigt auf, wo wir das Leben versäumt haben. Er weist uns auf verschwendete Energien hin, er fordert Bilanz, die Bilanz unseres Lebens. Mit ihm verstehen wir unser Leben, das bereits gelebte.
Ebenso jedoch öffnet er uns den Himmel für einen Neuanfang. Er verspricht: „Alles wird gut! Du bist auf dem rechten Wege. Halte mich an dein Herz und verstehe, dass Gott dich liebt. Niemand schaut das ewige Leben mit einem gebrochenen Herzen. Alle deine Wunden werden heilen im Lichte des ewigen Lebens. Alle Schmerzen vergehen vor Gott, stehe Ihm zur Seite, sei Sein Freund, Sein Bruder, Sein Helfer, Seine Liebe. Verstehe, dass du EWIG bist. Halte inne in deinem Alltag und verbinde dich mit diesem Gefühl. Gott ist in dir.

Es besteht nur Grund zur Freude.“

Melanit:	*ERBARMEN - NEUES LEBEN; DAS TOR HINTER DEM TOR*
Zusammensetzung:	*titanhaltiger Andradit*
Härte:	*6,5 - 7*
Farbe:	*schwarz wirkend, im Sonnenlicht stellenweise braun-orange aufblitzend*
Fundorte:	*Chile, Vesuv, Albaner Berge/Italien, Kaiserstuhl*

Energie-Zuordnung:	*1*

METEORIT

Unbehagen - ferne Welten

Unzählige Völker haben vor den Erdenmenschen gelebt. Unzählige leben mit ihnen auf fernen Planeten. Menschsein bedeutet Größe. Allerdings leben wir unsere Größe nicht. Die Missachtung anderer Wesen und Erscheinungsformen beweist das.

Wenn wir das Leben missachten, nur weil es uns nicht erreichbar scheint, leugnen wir das Leben. Wir leugnen es ebenfalls durch unser Verhalten den Tieren, Pflanzen, Mineralien und Geistwesen gegenüber. Schließlich leugnen wir das Leben vehement uns selbst gegenüber. Wer lebt schon seine Lebensenergie? Wir sind müde Abbilder unserer selbst.

Die Energie von Meteoritenstückchen weist uns immer auf Ausdehnung hin, auf die notwendige Überschreitung unserer Lebensgewohnheiten und Vorurteile. Kein Wachstum ohne Aufgeben von Gewohntem. Keine Entwicklung ohne mutiges Voranschreiten. Wir sind so viel mehr, als wir denken - was zögern wir?!

Meteorit:	*MENSCHSEIN UND VERANTWORTUNG*
Zusammensetzung:	*Eisenmeteorit, ca. 90 % Eisen*
Härte:	*6*
Farbe:	*dunkel oder (poliert:) silbrig glänzend*
Fundorte:	*weltweit*

Besonderes: Das fotografierte Meteorstück wurde geätzt, um die ungewöhnliche Metallstruktur sichtbar zu machen, die es bei irdischem Eisen nicht gibt. Bei der Struktur redet man von den so genannten Widmannstätten'schen Figuren.

Energie-Zuordnung: *2*

MILCHOPAL

FREUDE AN MEINEM LEBEN

Die einfachen Opalsteine zeichnen sich durch eine wunderbare Leichtigkeit aus. Damit gewinnen sie unser Herz im Sturm. Der Milchopal vermittelt uns eine ganz stille Freude am Leben. Eine Art Genügsamkeit, wie wir sie verlernt haben. Eine stille Freude, die unser Herz auf wundersame Weise erblühen lässt. Er zeigt, dass das Sanfte und Leise in uns von großer Kraft ist. Ein Edelstein-Engel mit einer stillen Schwingung des Glücks.

Milchopal:	*STILLE IM HERZEN*
Zusammensetzung:	$SiO_2 \cdot nH_2O$
Härte:	*5,5 - 6*
Farbe:	*milchig weiß*
Fundorte:	*Böhmen, Fichtelgebirge*

Energie-Zuordnung:	*1*

MOLDAVIT

Beten - Auseinandersetzung mit Gott

Hören wir in uns hinein, werden wir immer Gott finden. Solange wir diese Stimme nicht hören wollen, ist unser Leben mühsam. Es liegt an uns, das zu ändern.

Der Moldavit führt uns vor Augen, dass ein Kampf mit Gott sinnlos ist. Widerspenstigkeit ist Koketterie und Verschwendung von Lebensenergien. Wir erkennen das mit Hilfe dieses Steines und wenden uns Gott erneut zu.

Der Moldavit kann Radioaktivität neutralisieren.

Moldavit:	*BETEN*
Zusammensetzung:	$SiO_2(+Al_2O_3)$
Härte:	*5,5*
Farbe:	*grün*
Fundorte:	*Böhmen*

Besonderes: Moldavite werden auch Glasmeteorite genannt (Tektite). Man nimmt an, dass bei einem Meteoritenaufprall quarzhaltige Sande geschmolzen wurden und glasig erstarrt Hunderte von Kilometer entfernt als Tektitschauer niedergefallen sind, so weit wurden sie durch den Aufprall geschleudert.

Energie-Zuordnung: *1*

MONDSTEIN

Der Mondstein verlangt Hingabe

Wenn uns dieser Stein begegnet, tritt etwas Neues in unser Leben. Hingabe wird verlangt, Übergabe, Aufgabe. Viele von uns fürchten diesen Stein. Manch kleiner Mondstein wird mit dem Wunsch getragen, dieses Ziel erreichen zu können. Wenn unsere inneren Widerstände aber zu groß sind, kann der Stein nichts in uns bewirken. Wer durch das Leben oder andere Steine darauf vorbereitet ist, sich für einen Mondstein zu öffnen, erlebt eine Art Wiedergeburt des Herzens. Was uns früher schwierig schien, wird unter seinem Einfluß bedeutungslos. Aber da er das Prinzip der absoluten Weiblichkeit, der reinen Hingabe, lehrt, wird es uns meistens schwer, ihm bedingungslos zu folgen. Wir möchten es, aber die scheinbare Notwendigkeit der Selbstaufgabe hindert uns sehr. Bis wir verstanden haben, dass wir so viel mehr gewonnen haben, wenn wir seinem Ruf folgen. Er lehrt Weiblichkeit in ihrer wirklichen Stärke.

Mit Hilfe von rosafarbenen Steinen überwinden wir unsere Ängste vor ihm.

Mondstein:	*WEIBLICHKEIT*
Zusammensetzung:	*$K[AlSi_3O_8]$*
Härte:	*6 - 6,5*
Farbe:	*Sri Lanka (Ceylon), Indien, USA, Tansania*

Besonderes: Gute Mondsteine mit kräftigem blauen Schimmer sind inzwischen selten und teuer. Ein preiswerter Mondstein mit blauem Schein kann ein Labradorit sein.

Energie-Zuordnung: *1*

MONDSTEIN, APRICOT

HERZÖFFNER - WEIBLICHKEIT

In diesem Edelstein verbinden sich die Qualitäten des durchsichtigen bis grauen Mondsteines mit einer Schwingung der *Beruhigung*. Das Prinzip der Weiblichkeit wird meistens falsch verstanden. Wo Hingabe und Aufgabe erforderlich wären, begnügen wir und oft mit Loslassen und Unterstützung. Dieser wundervolle Stein hilft uns, das genannte Prinzip zu verstehen, ohne davor zurückzuschrecken. Er lässt Weiblichkeit sanft erblühen, unser Verständnis wachsen, unsere Ängste schwinden. Er verspricht Reife und Vollendung und ERMUTIGT zur Hingabe. Ob wir diese dann mit Hilfe eines klaren Mondsteines leben können oder unter dem Einfluss anderer Steine, werden wir intuitiv fühlen, wenn wir über den apricotfarbenen Mondstein hinausgewachsen sind und ihn nur noch aus Liebe tragen.

Alle Mondsteine sind natürlich auch wichtig für Männer!

Mondstein, apricot: *HOFFNUNG AUF WEIBLICHKEIT*
Farbe: *apricotfarben, manchmal Richtung beige*

Energie-Zuordnung: *3*

MOOKAIT

Hilft Alltagspflichten freudig zu erledigen

Diese Jaspisart wirkt sehr zielgerichtet. Wenn wir den Stein zwei, drei Tage anwenden, widmen wir uns plötzlich den Arbeiten, die schon lange liegen geblieben sind. Falls wir offen genug sind, werden wir auch spüren, dass wir es freudig tun. Falls nicht, erledigen wir die Arbeit einfach.

Mookait:	*FREUDIG DIENEN*
Zusammensetzung:	SiO_2
Härte:	*7*
Farbe:	*fleckig weiß-gelb-braun-rötlich-violett*
Fundorte:	*Australien*

Besonderes: Der Mookait verblüfft mich immer wieder durch seine prompte Wirkung!

Energie-Zuordnung: *3*

MOOSACHAT

Achtung vor dem Leben

Der Moosachat schützt uns vor Nichtachtung. Er sorgt dafür, dass wir das Leben achten. Er erinnert an die Bedürfnisse der Natur und unsere eigenen.

Er ist ein guter Stein zur Sammlung unserer Gedanken. Seine Schwingung zeugt von Ruhe und Geborgenheit, Zuverlässigkeit und Glück. Es geht uns gut in seiner Gegenwart. Wir wissen wieder, wer wir sind.

Ein wunderbarer Helfer für alle Menschen, die schreiben.

Das Gesagte betrifft den überwiegend grünen Moosachat. Der weiße Moosachat, mit wenigen grünen Einschlüssen, verstärkt das Prinzip der Reinheit der Gedanken und des Wohlwollens dem Leben gegenüber.

Moosachat:	*ACHTUNG VOR DEM LEBEN*
Zusammensetzung:	SiO_2
Härte:	*7*
Farbe:	*farblos, durchscheinend, mit grünen Einlagerungen*
Fundorte:	*China, USA*

Besonderes: Das Typische am Moosachat sind die wie Moos aussehenden Einlagerungen. Hier handelt es sich um Hornblende, ein Mineral.

Energie-Zuordnung: *3*

MOOSOPAL

Freudige Augenblicke

Der Moosopal ist der Schelm unter den Edelsteinen. Er ist verschmitzt und liebt es, Scherze mit uns Menschen zu treiben. Ihn zu tragen hebt unsere Stimmung augenblicklich! Seine Wirkung ist ähnlich der des frischen Hafers - sie macht uns übermütig.

So ist er ein besonders guter Stein für Notzeiten. Er erinnert uns, dass wir mehr sind als das, was wir im Augenblick empfinden. Jeder Schmerz, jedes Leid, jede Krise, *jeder Tod* sind Schritte in die Vollendung. Wir empfinden diese Zustände nur als schmerzlich, wenn wir uns gegen Wachstum wehren. Unser Urzustand ist Glück. Alle Leben und alle Lebenssituationen sind nur Stationen unserer Heimkehr zum Glück, unserer Heimkehr zu GOTT. So ist dieser Stein ein Freund, der uns befähigt, unser Glück zu erkennen, und die Energie, die in unser Bewusstsein kommt und die wir empfinden, ist *Übermut*, geboren aus der unterschwelligen Erkenntnis, dass es nichts gibt, worüber es sich zu sorgen lohnt. So gesehen sollte jeder von uns einen Stein und eine Kette besitzen und sie entsprechend tragen.

Moosopal:	*AUFBAU - ÜBERMUT*
Zusammensetzung:	$SiO_2 \cdot nH_2O$
Härte:	*5,5 - 6*
Farbe:	*farblos bis gelblich mit Dendriten, möglichst leicht durchscheinend*
Fundorte:	*Brasilien*

Energie-Zuordnung: *2*

MORGANIT (Beryll)

Engel der Weisheit

Der Morganit ist der Engel der Weisheit; Weisheit, vereint mit Liebe. Wahre Weisheit kommt aus dem Herzen und ist ohnehin mit Liebe verbunden. Aber - symbolisiert durch das zarte Rosa - den Morganit umgibt die höchste Schwingung der *ganzheitlichen Liebe*, die wir kennen und erstreben.

So fühlen wir uns in seiner Energie geborgen und geliebt - obwohl er uns in höchster Klarheit unsere Angst vor Liebe aufzeigt. Gleichzeitig hilft er uns aber, diese Angst vor Liebe zu überwinden, denn ein Teil seiner Weisheit überträgt sich auf uns, und somit erinnern wir uns, dass es keinen Grund gibt, sich vor der Liebe zu fürchten.

Unsere Angst vor Liebe basiert auf den Geschehnissen in so genannten früheren Leben. Wir haben so oft geliebt und wir wurden so oft verletzt und verlassen. Erst wenn wir erkannt haben, dass Leben und Sterben *eins* sind, daß wir nichts und niemand verlieren können, dass wir ewig leben und in völliger Liebe geborgen sind, dann wagen wir, ohne Bedingungen zu lieben - und dann kann uns auch nichts mehr verletzen.

Wir Menschen sind zu bedingungsloser Liebe fähig. Wir müssen es nur versuchen.

Morganit:	*LIEBE - WEISHEIT*
Zusammensetzung:	$Be_3Al_2[Si_6O_{18}]$
Härte:	*7,5 - 8*
Farbe:	*hell- bis dunkelrosa, apricotfarben*
Fundorte:	*Madagaskar, Brasilien, USA, Südafrika*

Energie-Zuordnung:	*1*

OBSIDIAN

Umkehr - Wandlung - Durchbruch

Der kraftvolle Obsidian sollte dosiert benutzt werden. Seine ungeheure Energie kann Prozesse in Gang setzen, denen wir nicht gewachsen sind.
Dieser Stein kürzt Chaos ab und ruft zur Ordnung. Er mahnt zur Einhaltung der Lebensgesetze. Er lebt kompromisslose Strenge. Wenn wir uns in diese Schwingung begeben, müssen wir bereit sein, durch unsere Tiefen zu gehen. Licht ist uns gewiss - aber nach der Reinigung!
Wir können seine massive Vorwärtsbewegung durch rosa Steine mildern. Strenge, gepaart mit Liebe, bringt uns ebenso schnell vorwärts und schmerzt nicht so.
Auch dieser Stein ist mit dem Licht verbunden und strahlt die höchsten Qualitäten aus. Wir dürfen nie vergessen, dass schmerzhafte Prozesse in uns nur entstehen, weil wir bestimmte Qualitäten nicht zu würdigen wissen und uns lieber an unsere Illusionen klammern. Je mehr wir zu unserem eigenen Lichtwesen vordringen, umso mehr schätzen wir die Edelsteine, die von großer Wahrheit und Strenge sind. Was uns streng erscheint, ist ein zügiges, folgerichtiges Vorwärtsschreiten ins Licht.

Obsidian:	*UMKEHR*
Zusammensetzung:	*vorwiegend* SiO_2
Härte:	*5 - 5,5*
Farbe:	*schwarz, grau, braun, grün*
Fundorte:	*USA, Mexiko, Europa, Südamerika, Island, Russland*

Besonderes: Obsidian ist ein überwiegend aus Kieselsäure bestehendes Gestein in Form von Glas. Es entsteht bei Vulkanausbrüchen.

Energie-Zuordnung: *3*

ONYX

Kraft und Ausdauer

Der schwarze Onyx vermittelt uns Ruhe. Er stärkt unser Vertrauen in unsere eigene Kraft. Im Gegensatz zu den anderen schwarzen Steinen besitzt er eine gewisse Leichtigkeit. Er zeigt auf, dass Ernsthaftigkeit nichts Schweres an sich hat. Er vermittelt uns Ruhe durch das Gefühl der Aufrichtigkeit, der Ernsthaftigkeit und der Bedeutung in unserem Leben. Er hilft zu verstehen, dass in Ernsthaftigkeit Freude ruht.

Onyx:	*BEDEUTUNG*
Zusammensetzung:	SiO_2
Härte:	*7*
Farbe:	*schwarz oder schwarz weiß*
Fundorte:	*Brasilien*

Energie-Zuordnung: *3*

OPAL, GELB

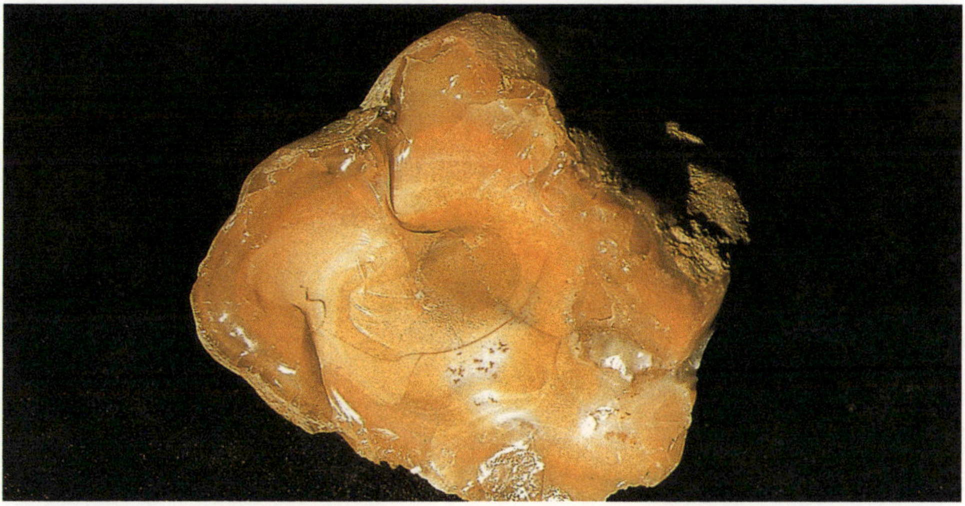

Aufgeben von Reue

Der gelbe Opal ist ein fröhlicher Stein. Er ist selbstbewusst und glücklich, und diese Eigenschaften vermittelt er dem Träger. Er sagt auch: „Genieße das Leben. Tue deine Pflicht. Erfreue dich an Gott und sei dankbar, daß es DICH gibt.“

Auf dem Wege zur Vollkommenheit hilft er ein großes Stück.

Opal, gelb:	*FREUDE AM LEBEN*
für den gelben, grünen und violetten Opal gilt	
Zusammensetzung:	$SiO_2 \cdot nH_2O$
Härte:	*6*
Fundorte:	*Ungarn, Mexiko, Brasilien*
Energie-Zuordnung:	*1*

OPAL, GRÜN

Vergnügen, absolutes Vergnügen!

Welch eine Freude, diesen Stein in der Hand zu halten. Er wirkt sofort! Freude durchflutet uns, Glück und Entzücken. Wir erinnern uns an einen wunderbaren Teil, den wir ganz selten leben, an das absolute und göttliche Entzücken, in dieser Welt leben zu dürfen. Für einen kurzen Moment fühlen wir uns derart im Einklang mit allem, dass wir ein herrliches Vergnügen in uns spüren. Wir wollen Gott und die Welt auf der Stelle umarmen und wir lieben uns ohne Bedingungen.

Mit diesem Stein dürfen wir einmal erfahren, wie sich dieser Zustand anfühlt. Um ihn leben zu können, bedarf es eines langen Weges und der Hilfe vieler Steine.

Opal, grün: *HERRLICHES VERGNÜGEN*

Energie-Zuordnung: *1*

Besonderes: Der grüne Opal überraschte mich beim Aufschreiben seiner Qualitäten mit einer so überwältigenden Schwingung der Freude, dass ich sofort zum Händler stürzte und einen noch größeren erwarb. Welche Enttäuschung, als ich ihn auf mein Herz legte und immer missgestimmter wurde! Diesmal zeigte er mir nämlich auf, mit welcher Energie (z. B. Sorge, Überlegungen) ich meiner Freude gerade im Wege stand! So können Steine wirken! Falls wir also nichts von dem spüren, was hier beschrieben wird, wenden wir sie einfach lange genug an.

OPAL, VIOLETT

Hoffnung auf ein neues Leben

Kein Opal ist den Menschen so zugetan wie dieser. Seine Qualität ist Leben, nämlich die Erweckung NEUEN LEBENS.

Wenn wir diesen Stein benutzen, keimt in uns die Hoffnung auf Frieden, Frieden als Folge der Aufgabe eines inneren Kampfes, des Kampfes gegen Gott und der Materie. Es bedarf eines weiten Weges, um zu erkennen, dass alle Schwierigkeiten in unserem Leben, *alle*, auf die Weigerung zurückgehen, uns ganz dem Willen Gottes zu unterstellen. Dieser Stein zeigt auf, wie unser Leben verlaufen könnte, wenn wir endlich wagen, Gott als unsere absolute Führung anzuerkennen. Wenn wir nicht mehr fragen, sondern einfach sagen: „Ich liebe Dich, Gott, ich liebe Dich so sehr, daß ich selbst diese Aufgabe mit Freude erfülle - Mensch zu sein. Ich liebe Dich für diese Aufgabenstellung und ich fühle, dass sie wichtig ist. Deshalb setze ich alles ein, um diese kleine Aufgabe zu erfüllen, die Du mir unter unendlich vielen anvertraut hast - *Mensch zu sein* mit allen Qualen, allen Freuden und allen Prüfungen. Lass mich vergessen, dass es nur eine Aufgabe von vielen ist, und lass mich mit meiner ganzen Achtung, meiner ganzen Würde und Liebe diese Aufgabe erfüllen, als wäre es die einzige und wichtigste, die Du mir gabst. Lass mich verstehen, daß Menschsein Getrenntheit bedeutet, bis ich erkenne, dass es nie eine Trennung gab und keine gibt. Halte mich in Deinen Armen, Gott, und erlaube mir die Schmerzen und Unsicherheiten, die ich erleiden will. Danach lass mich erkennen, warum ich diese Illusion brauchte."
Der violette Opal gibt uns die Hoffnung, dass sich uns dieses Wissen erschließen wird. Er tröstet auf allen Wegen. Seine Kraft ist so groß, dass wir ihn anbeten können als die Liebe Gottes selbst.

Opal, violett: *FRIEDEN DURCH UNS SELBST*

Energie-Zuordnung: *1*

ORTHOKLAS

Ernsthaftigkeit des Herzens

Der Orthoklas gibt unserem Herzen Ruhe, weil er mit seinen Schwingungen augenblicklich den gesamten Körper erreicht und die Botschaft verbreitet: Ich brauche Ruhe und Zeit, und ich kann sie mir nehmen. Ich *darf* sie mir nehmen.

In unserem ganzen Leben ist nichts so bedeutend, wie unseren geistigen Weg zu gehen. Wenn wir die dafür nötigen Übungen an die erste Stelle setzen in unserem Tagesablauf, werden wir jede Hilfe bekommen und voller Überraschung erleben, wie mühelos sich Dinge regeln, die uns als Probleme erschienen. Das geistige Leben ist unser *eigentliches* Leben. Wer das erkennt und sich entsprechend verhält, wird es immer leichter haben als andere.

Orthoklas:	*WESENTLICHES ERKENNEN*
Zusammensetzung:	$K[AlSi_3O_8]$
Härte:	*6 - 6,5*
Farbe:	*transparent gelb*
Fundorte:	*Madagaskar, USA, Indien*

Energie-Zuordnung: *1*

PADPARADSCHA (Korund)

Lebensfreude - Lebensenergie - Weitblick

Der Padparadscha ist ein sehr sanfter Stein mit ungeheurer Energie. Kein Stein erreicht so viel in so kurzer Zeit.
Was erreicht er? Er verhilft zu einer durchgreifenden Wandlung und zu einem völlig anderen Umgang mit den Lebensenergien. Der Padparadscha ermöglicht uns eine Art Anschluss an unser UR-SEIN. Wogen werden geglättet, Geheimnisse verstanden, Vertrauen durchflutet uns, Sanftheit erlöst uns.
Dieser Stein ist ein Geschenk der Götter an große Seelen. Wer ihn trägt, hat Gott verstanden, hat Seinen Ruf gehört und ist bereit - bedingungslos. Allerdings, wie so oft spült dieser Stein erst alle Widerstände hoch, die wir gegen diesen Weg haben. So gesehen kann er uns eine schwere Zeit bereiten. Nach dem Reinigungsprozess schenkt er uns eine Klarheit des Geistes und des Herzens, die ihresgleichen sucht.
Der Padparadscha ist auch ein kraftvoller Stein für die körperliche Ebene. Hier sind die kräftigfarbenen geeignet. Der apricotfarbene Stein erschließt uns noch ein besonderes Geheimnis: „Wer ihn liebt, gehört zu Gott und tritt Seine Nachfolge an." Irdisch ausgedrückt: Wer ihn trägt, hat sich Gott verschrieben, weil er an Gott glaubt, Ihn kennt und weiß, wohin ihn Seine Wege führen - ins ABSOLUTE LICHT. Jesus hat es uns vorgelebt: Ich und Gott sind eins.

Padparadscha:	*NÄHE ZU GOTT*
Zusammensetzung:	Al_2O_3
Härte:	*9*
Farbe:	*rötlich gelb bis orangegelb bis orangerötlich, apricot*
Fundorte:	*Sri Lanka (Ceylon), Tansania*

Besonderes: Der Padparadscha gehört mineralogisch zu den Saphiren, der Saphir wiederum mit dem Rubin zu der Gruppe der Korunde. Farben und Namen wurden festgelegt. Was nicht in diese Ordnung passt, wird als Saphir-Fehlfarbe bezeichnet. Für uns gibt es weder Fehlfarben noch Grenzen, sondern nur göttliche Geschenke. Die Saphire gehören dazu. Die apricotfarbenen Saphire werden hier zu den Padparadschas gezählt. Wie könnte eine solche Köstlichkeit eine Fehlfarbe sein?

Energie-Zuordnung: *1*

PARAIBA-TURMALINE

Engel der Neuzeit

Ein Geschenk an uns in einer schweren Zeit, der Zeit des UMBRUCHS. *Umbruch,* der mit *Chaos* einhergeht. So wie wir uns die Situation geschaffen haben, kommen wir ohne Umbruch und Chaos nicht aus.
Gerade die Empfindsamen unter uns, die, die sich nach dem Paradiese sehnen, die Gott nah sein möchten, die immer wieder in Versuchung geraten, die Erde verlassen zu wollen, trotz besseren Wissens - für die sind diese Turmaline ein Geschenk.
Sie geben uns Kraft und Stärke, sie erreichen die direkte Verbindung zu Gott. Unter ihrem Einfluss erinnern wir uns an die Versprechen, die Gott uns gab: *Ich bin in dir, du bist in Mir. Wer Mir folgt, lebt ewiglich.*
Gott ist unsere Stärke, Gott ist unser Ursprung. Wir mögen Gott als Leben bezeichnen, als Geist, als Licht, als Quelle aller Kraft und mehr - diese schöpferische Energie wohnt in unserem Herzen und wartet darauf, gelebt zu werden. Wer Gott folgt, folgt sich selbst, seinem *Herzen* - von Gott geschaffen - mit allen Konsequenzen. Wer Gott liebt, hat zu seiner Quelle gefunden. Diese Liebe zu *leben,* tatkräftig, ohne Sentimentalität und Illusionen, das ist unsere Aufgabe. Die Paraiba-Turmaline bestärken uns in einmaliger Weise auf unserem Weg. Sie vermitteln uns so viel Mut und Wissen, dass wir gar keine anderen Steine benötigen - wäre da nicht die Vielfältigkeit zu bewundern und zu erproben, das Wissen zu schulen, Erfahrungen zu sammeln. Gott kommt auf vielen Wegen zu uns. Durch diese Turmaline drückt er sich vollkommen aus.
Die grünen Paraiba-Turmaline sind für die Menschen gedacht, die als Heiler arbeiten. Im Schutz dieses Steines können uns negative Schwingungen der Patienten nur schwer erreichen. Wenn wir einen Ring mit einem mindestens drei Karat großen Stein tragen, schaffen wir eine Schwingung, die den meisten Einflüssen in unserer nächsten Nähe widersteht. Er tröstet auch die Heiler, die immer meinen, sie könnten nicht genug geben, sie müssten mehr arbeiten, um vielen Menschen zu helfen. Wenn wir zu viel gegeben haben, ohne einen Ausgleich zu schaffen, werden wir krank, verhärten wir uns, schaffen wir Störungen, die schwer veränderbar sind. Heiler dürfen nie vergessen, dass wir ALLE Lernende sind. Wenn ich meine eigene Entwicklung vernachlässige - und Lernen, Lust und Freude gehören dazu -, kann ich auch anderen Menschen nicht mehr genug geben.
Wenn wir Heiler sind, helfen uns diese grünen Turmaline, in unserem Leben einen erfrischenden Ausgleich zu schaffen.

Paraiba-Turmalin:	*ENGEL DER NEUZEIT*
Zusammensetzung:	$XY[(OH)_4/(BO_3)_3/Si_6O_{18}]$
Härte:	*7*
Farbe:	*für Turmaline ungewöhnliches Grün, Blau, Lila, Türkis, Grau*
Fundorte:	*Paraiba/Brasilien*

Besonderes: Das Paraiba-Grün ist ein mittleres Smaragdgrün, manchmal in Richtung Mint, bei Kunstlicht geradezu unnatürlich. Das leuchtende Blau gab es bei Turmalinen bisher gar nicht, es verwandelt sich durch Brennen in kräftiges Türkis. Ihre besonderen Farben sind hauptsächlich auf einen sehr hohen Kupfergehalt zurückzuführen. Es gibt auch rötliche Steine in diesem Turmalinvorkommen, die allerdings nicht im Handel sind. Die Steine wurden erst vor wenigen Jahren entdeckt. Vorsicht ist geboten, wenn wir einen Paraiba-Turmalin erwerben wollen. Es werden schon Apatite angeboten und als Paraiba-Turmaline verkauft. Hier können wir es auf einen Härtetest ankommen lassen: Der Apatit ist mit einem Messer ritzbar, der Turmalin dagegen ritzt Fensterglas. Der Verkäufer wird natürlich nicht begeistert sein! Kaufen Sie den Stein unter Vorbehalt und mit Umtauschrecht; oder kaufen Sie ihn in einer renommierten Firma. Geduldige Verkäufer dort werden Ihnen sogar erlauben, dass Sie bei einer nochmaligen Überprüfung anwesend sein können. Manche Steine werden in großen Mengen gekauft und es werden Stichproben genommen. Wenn Sie das wissen, können Sie ruhigen Gewissens um eine Überprüfung bitten (man nennt das Edelsteinbestimmung).

Energie-Zuordnung: *ENGEL DER NEUZEIT*

PARAIBA-TURMALIN, BLAU

Engel des höchsten Glücks

Mit diesem Engel laden wir einen Gast in unser Haus, der zu uns kommt, wenn wir am Ende eines langen Weges zurückschauen und sagen: „Ich habe viel gegeben, ich weiß nicht weiter, ich brauche jetzt *Deine Hilfe*, Gott, nur *Deine*, damit ich nicht verzage."

Dieser Stein muss uns nicht mehr an unsere tiefe Verbindung zu Gott erinnern, wir sind längst mit *Ihm* vereint und uns dessen sehr bewusst, wenngleich es auch noch die Momente des Zweifelns, der Unruhe und des scheinbaren Getrenntseins gibt - denn wir sind Menschen, in Materie gebunden und von Materie ständig beeinflusst.

Der blaue Paraiba kommt zu denen, die völlig eins sind mit Gott und doch nur immer auf ihre Zweifel schauen und sich dafür verurteilen. Diese liebt Gott auf eine ganz besondere Weise: Er möchte sie ständig trösten und weiß doch, daß sie den Weg des Zweifelns gewählt haben, um sich zu schützen und Sein Trost deshalb nur zeitweise zu ihnen durchdringen kann. Er hält sie umfangen und weiß, dass sie es selten wahrnehmen. Er spürt ihre verzehrende Sehnsucht nach Seiner Liebe und akzeptiert, dass sie Seine Liebe nur selten fühlen können. Er liebt sie unendlich und kann ihnen den Schmerz des Leidens nicht einmal durch den Akt der Gnade nehmen. Er begleitet und beschützt ihr Leben und beobachtet doch, dass sie sich ungeliebt und verloren fühlen, dass sie heimwollen zu Ihm und nicht spüren können, dass sie bereits angekommen sind. Gott stellt diesen Menschen den blauen Paraiba zur Seite, damit sie sich auf Erden geborgen fühlen, obwohl sie ihren Weg so gehen müssen wie beschlossen.

Paraiba-Turmalin, blau:	*ENGEL DES HÖCHSTEN GLÜCKS*
Energie-Zuordnung:	*1*

PARAIBA-TURMALIN, GRAU

ENGEL DER EINFACHHEIT

Es ist ein Geschenk der Gnade, wenn wir in Einfachheit leben können und dabei glücklich sind. Zielstrebig führt uns dieser Engel in Dimensionen der Schlichtheit, der Ruhe und des Loslassen-Könnens. Er klärt: „Vertraue deinem Weg. Wenn dein Weg ein Weg der Stille und der Einfachheit ist, dann schließe mich in dein Herz, und ich werde es dir lohnen."

Gehe deinen Weg in Frieden. Schaue nicht auf das, was Begehren in dir weckt, schaue ins Licht und erkenne Gottes Gnade. Sei einfach, lebe in Genügsamkeit und Freude. Erhebe dein Herz in den Frieden Gottes und kehre heim.

Ein Stein für große Seelen, die ihren Weg gefunden haben.

Paraiba-Turmalin, grau:	*ENGEL DER EINFACHHEIT*
Energie-Zuordnung:	*1*

PARAIBA-TURMALIN, GRÜN

Engel des Wachstums

Der grüne Paraiba kommt zu denen, die um Hilfe flehen. Damit sind Menschen gemeint, die große Aufgaben vollbringen und sich doch immer unzulänglich fühlen; die Gott in ihrem Herzen tragen und Ihn doch immer suchen; die Gott um Hilfe bitten und sich das Ausmaß ihres Getragenwerdens durch Gott in keiner Weise vorstellen können. Er kommt zu denen, die sich ständig nach dem Licht verzehren, ohne wahrzunehmen, dass sie selbst das Höchste Licht verbreiten. Diese müssen getröstet werden - und der grüne Paraiba tut das.

Aber indem er sie tröstet, indem er sie heilend umfängt, erfüllt er ihnen ihren größten Wunsch - den Wunsch nach weiterem, ununterbrochenem Wachstum. „Geh mit mir“, sagt er „ich führe dich. Vertraue meiner Aufgabe, dich durch Türen des Lichtes zu leiten, die dir noch unbekannt sind. Vertraue meinen Möglichkeiten, dich in großes Wachstum einzuweihen. Vertraue dir und mir, dass ich Gott bin.“

Diese Steine zu tragen bedeutet höchste Gnade.

Paraiba-Turmalin, grün:	*ENGEL DES WACHSTUMS*
Energie-Zuordnung:	*1*

PARAIBA-TURMALIN, TÜRKIS

Erkenntnis meiner Aufgaben

Der türkisfarbene Paraiba-Turmalin ist mit dem ENGEL DER FREUDE verbunden. Er bestärkt uns auf unserem Weg und lässt uns erkennen, dass unsere wahre Freude in der Erfüllung unserer Aufgabe liegt. Dafür verleiht er uns Kraft, Inspiration, Erkenntnis, Geduld - was immer wir auf unserem Weg dahin benötigen mögen.

Er appelliert ebenfalls an unseren Gerechtigkeitssinn. Indem er uns erinnert, dass unsere Aufgabe auf Erden erst erfüllt ist, wenn *alle* Menschen ihren Weg und ihr Ziel gefunden haben, weckt er das Verlangen in uns, diejenigen zu unterstützen, die der Hilfe auf ihrem Weg bedürfen. So öffnet er unser Herz für die Freude des Schenkens und der unterstützenden Hilfe, und da er uns diese Ebenen vorlebt, kann es gut sein, dass er nicht lange bei uns bleiben möchte. Wenn wir ihn erwerben, sollten wir uns vor Augen halten, dass Geben größer ist als Besitzen-Wollen. Wir sollten ihn von Anbeginn so lieben, als hätte ihn uns das Leben nur kurzfristig geliehen.

Paraiba-Turmalin, türkis:	*ENGEL DER FREUDE*
Energie-Zuordnung:	*1*

PARAIBA-TURMALIN, VIOLETT

KONKRETE HILFE

Der violette Paraiba-Turmalin ist mit dem ENGEL DER AUFSTREBENDEN LIEBE verbunden. Dieser Engel beschützt unseren spirituellen Werdegang.

Er hilft zu verstehen, dass wir gänzlich von helfender und schützender Energie umgeben sind. Seine einzigartige Aufgabe besteht darin, uns die Engel zur Seite zu stellen, die uns eine spezielle Botschaft vermitteln möchten oder die uns kurzfristig für eine besondere Aufgabe zugeteilt sind.

Mit dieser Vermittlung dringen Impulse der vielfältigsten Hilfen zu uns durch. Alles ist möglich. Hilfe ist unbegrenzt. Gnade auch. Der violette Paraiba findet nur zu wenigen. Er wirkt ziemlich unscheinbar. Seine Größe zu erkennen bleibt nur einigen Menschen vorbehalten. Ehren wir ihn durch unsere Liebe.

Paraiba-Turmalin, violett:	*ENGEL DER AUFSTREBENDEN LIEBE*
Energie-Zuordnung:	*1*

PERIDOT (Olivin)

SONNE - SONNE - SONNE

Der Peridot leuchtet in die Tiefe unseres Seins. Er erhellt unsere Fragen und Bedürfnisse, er tröstet und lässt uns hoffen. Seine besondere Qualität ist eine Schwingung, die uns befähigt, das Wesentliche vom Unwesentlichen zu unterscheiden. Hoffnung wird geboren aus der Erkenntnis unserer Geborgenheit in Gott. Der Urgrund allen Seins ist Liebe. Der Peridot erinnert uns daran. Schon atmen wir auf und fühlen uns geborgen. Alle göttlichen Qualitäten können uns neu durchfluten. Ein Teil der Schwingungen erreicht unser Bewusstsein - wir fühlen uns wie neugeboren.

Dies ist das WESEN des Peridots. Deshalb werden ihm als *Auswirkung* oft Beruhigung und Freude nachgesagt. Aber er kann natürlich mehr. Durch die Verbindung mit unserem Urgrund ist alles möglich. Ein sehr wichtiger Stein für Heilungen.

Peridot:	*HOFFNUNG / FREUDE*
Zusammensetzung:	$(Mg, Fe)_2 SiO_4$
Härte:	*6,5 - 7*
Farbe:	*olivgrün, gelbgrün*
Fundorte:	*St. John (Rotes Meer), Burma, Norwegen, Sri Lanka (Ceylon), Australien, Brasilien, USA, Mexiko, Lanzarote (Kanarische Inseln)*

Energie-Zuordnung:	*1*

PERLE

Trauer - Schönheit - Vollkommenheit

Die Perle ist der einzige „Stein“, den ein Lebewesen mit dem Tod bezahlt. Die Perle wird geboren durch den Tod einer Muschel, einer Auster. Menschen setzen einen Widerstand in das Lebewesen, und das Wesen versucht diesen Schmerz zu überwinden. Indem das Tier Haut für Haut um den schmerzenden Kern legt, entsteht eine Perle. So darf es uns nicht wundern, dass die Energie von Schmerz und Leid in jeder Perle enthalten ist. Haben wir Schmerz und Leid weitgehend überwunden, werden wir die Schönheit der Perlen genießen können. Ist das nicht der Fall, wird die Trauer in uns verstärkt. Das kann bewirken, dass wir sie endlich fühlen; es kann sein, dass wir sie herausweinen können; wenn wir sie erneut unterdrücken, kann sie sich in Krankheit oder Bitterkeit verwandeln. So hilft uns die Perle, unseren Schmerz zu heilen. Wer tiefsten Schmerz kennt, wird die Schönheit der Perle zu schätzen wissen. Nur über Transformation gelangen wir ins Licht, gewinnen wir Schönheit und Vollkommenheit.

Perle:	*SCHMERZ*
Farbe:	*Bei natürlichen Perlen unterscheiden wir Farbschwankungen nach dem Fundort, bei Zuchtperlen (96 % des Weltmarktes) gibt es auch Farbschwankungen, sie sind aber ohnehin sehr oft gebleicht oder gefärbt. Wir sprechen hier von der hellen Perle, weißlich creme mit Perlmutterglanz. Wenn wir Perlenreihen nebeneinander liegend sehen, erkennen wir Unterschiede, eine wirkt kalkweiß, eine gräulich, eine andere creme bis hellbeige. Am beliebtesten sind Perlen mit einem andeutungsweise zartrosa Schimmer. Den Glanz der Perlen nennt man Lüster.*
Besonderes:	*Um Perlen gewinnen zu können, werden Fremdkörper in Muscheln hineinoperiert. Diesen Schmerz versucht das Tier durch die Produktion von Perlmutter (Ummantelung des Fremdkörpers) auszugleichen. Bei der „Ernte“ der Perlen werden die allermeisten Muscheln getötet. An den Zuchtplätzen herrscht dann ein bestialischer Gestank von Tod und Verwesung. Perlen erfüllen eine Aufgabe und tragen ihren Teil dazu bei, der Menschheit zu dienen. Wann immer wir Perlen tragen, sollten wir den Wesen danken, die ihr Leben gaben, um uns zu helfen.*
Zusammensetzung:	*84 - 92% Calcium-Carbonat, 4 - 13% organische Substanz, 3 - 4% Wasser*
Härte:	*3 - 4*
Fundorte:	*in den Weltmeeren bzw. in den angelegten Muschelbänken.*
Energiezuordnung:	*1*

PERLMUTTER

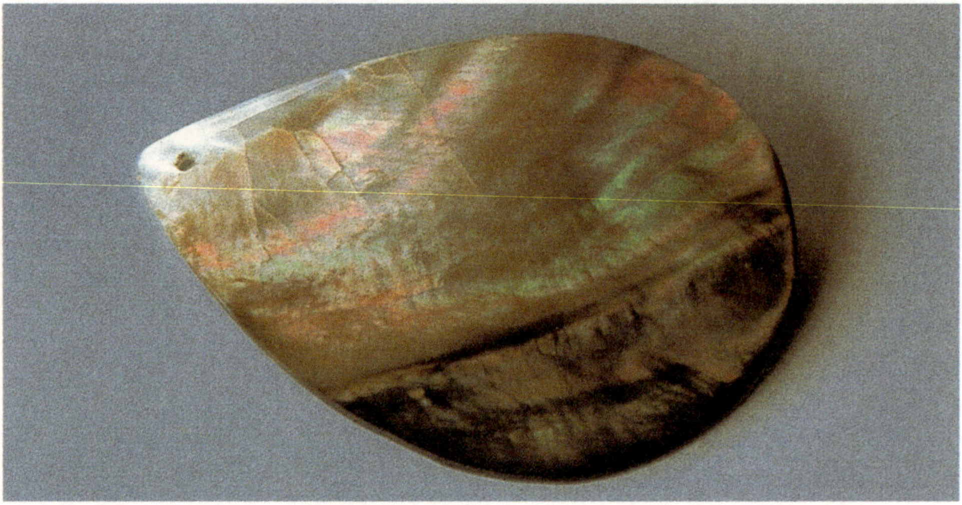

Leichtigkeit - Lachen - Achtung vor dem Leben

Perlmutter besitzt eine sanfte Energie. Sie erinnert an die Freuden des Lebens, verlangt aber nicht, dass wir uns ihnen öffnen. Sie erlaubt uns die Position eines Zuschauers. Das kann uns erfreuen - wird uns aber kaum verändern. Da das Leben Veränderung ist und wir nur durch Veränderung wachsen, werden wir Perlmutter nur zur Freude benutzen, nicht als Wachstumshilfe.

Freude verschönert unser Leben. Veränderung und Wachstum machen uns glücklich.

Perlmutter:	*FRÖHLICHKEIT*
Zusammensetzung:	*Hier handelt es sich um die Innenseite einer Muschel und damit um die gleiche Substanz wie bei Perlen.*
Energie-Zuordnung:	*3*

PINKOPAL

Genugtuung

Der Pinkopal führt uns unsere Erfolge vor Augen. Er sorgt dafür, daß wir unsere Bemühungen ebenso anerkennen wie das, was wir geleistet haben. Er spricht zu uns von Freude und ganzheitlicher Liebe und erinnert uns, dass das Leben nur dann Sinn hat, wenn wir uns genug Zeit für unser Innenleben nehmen.

Dieser Opal arbeitet zweckgerichtet zu unserer Genugtuung. Wenn ich mich selbst nicht anerkenne, kann ich meine Liebe nicht leben. Der Pinkopal schafft eine der Voraussetzungen dafür.

Pinkopal:	*GENUGTUUNG*
Energie-Zuordnung:	$SiO_2 \cdot nH_2O$
Härte:	*6*
Farbe:	*rosa mit Einlagerungen*
Fundorte:	*Mexiko, Peru*

Besonderes: Der Pinkopal wird auch als Anden-Opal bezeichnet, hin und wieder fälschlicherweise auch der Chrysopal.

Energie-Zuordnung: *2*

PRASIOLITH

GNADE - ERFÜLLUNG EINES LEBENSTRAUMES

Dieser Stein kommt nicht natürlich vor. Es sind Amethyste und andere Quarze, die vom Menschen gebrannt werden, bis sie grün sind.

Um so erstaunlicher ist ihre Aufgabe: Sie geben begnadeten Menschen die Möglichkeit, einen Traum zu verwirklichen, den Traum ihres Lebens. Unter dem Einfluss der Prasiolithe wird der Traum geläutert. Illusionen können losgelassen werden, Kraft und Weitsicht stellen sich ein. Wir gewinnen Mut zur Verwirklichung unseres Traumes. Der Traum wird Realität. Wenn wir „falsch" geträumt haben, erwecken diese Steine Gottes Potenzial in uns, das uns unsere wahren Möglichkeiten zeigt und wie sie einzusetzen sind. Oft ist das Aufgezeigte größer als unser anfänglicher Traum. Wir wachsen mit dem Glauben an uns. Wir wachsen mit diesem Stein.

Wieder zeigt sich, dass im scheinbar Unscheinbaren die höchste Kraft liegen kann. Begnadet ist, wer zu sich selbst gefunden hat.

Prasiolith:	*FREUDE AM LEBEN - GESCHENK*
Zusammensetzung:	SiO_2
Härte:	*7*
Farbe:	*helles Lauchgrün, helle Grüntöne*
Energie-Zuordnung:	*1*

PURPURIT

Spass am Leben

Welch ein Helfer! Wenn ich mich nicht entscheiden kann, nehme ich einen Purpurit zur Hand. Binnen weniger Stunden HABE ich mich entschieden - wenngleich es noch dauern kann, bis diese Entscheidung in mein Bewusstsein dringt!

Purpurit:	*ENTSCHEIDUNG*
Zusammensetzung:	$Mn^{3+}[PO_4]$
Härte:	*4 - 4,5*
Farbe:	*purpur, lila, tiefrosa, dunkelbraun*
Fundorte:	*Südwestafrika, Europa, USA*

Energie-Zuordnung: *2*

PYRIT

Durchbruch

Der Pyrit ist ein äußerst kraftvoller Stein. Er schafft den Durchbruch zu unseren Gefühlen.

Wir sollten den Pyrit nur anwenden, wenn wir uns zu ihm hingezogen fühlen. Er ist ein wundervoller Helfer, dem wir nicht genug danken können.

Pyrit:	*DURCHBRUCH*
Zusammensetzung:	FeS_2
Härte:	*6 - 6,5*
Farbe:	*lichtmessinggelb, goldgelb, braun, grau, alles mit Metallglanz, manchmal bunt angelaufen*
Fundorte:	*weltweit*

Besonderes: Pyrit kann Rostflecke auf dem Stein entstehen lassen und auf unseren Handtüchern. Wir sollten nur die Steine in Wasser reinigen, die wir körperlich benutzen. Besonders schöne Steine und Schmuckstücke sollten wir auf geistige Weise reinigen lernen (z. B. Fluorite, die mit winzigen Quarzen überzuckert sind, auf denen etwas Pyrit glitzert, und Ketten).

Energie-Zuordnung: *3*

RAUCHQUARZ

VERBINDUNG - ORDNUNG - ZWISCHENWELTEN

Der Rauchquarz verbindet uns mit unserem Höheren Selbst. Er ermutigt uns, Kontakt mit diesem Höheren Selbst aufzunehmen. Er ermutigt uns auch zu beten.

Darüber hinaus will er uns sagen, dass wir vertrauen können, weil wir alles Wissen in uns tragen. Wenn wir gelernt haben, Kontakt zu unserem inneren Wissen aufzunehmen, können wir uns freier bewegen. Wir sind nicht mehr gezwungen, uns ununterbrochen den Kopf über eine Angelegenheit zu zerbrechen, wir hören nach innen und erhalten die optimale Antwort für eine Situation.

Der Rauchquarz ist ein hervorragender Stein für diejenigen, denen der Kontakt nach innen noch ungewohnt ist.

Rauchquarz:	*NACH INNEN HÖREN*
Zusammensetzung:	SiO_2
Härte:	*7*
Farbe:	*braun bis rauchgrau bis schwarz*
Fundorte:	*weltweit*

Besonderes: Es gibt sehr dunkle Rauchquarze (Morion). Aber Vorsicht, einige sind dunkel, weil sie bestrahlt wurden.

Energie-Zuordnung: *2*

RHODOCHROSIT

Schönheit der Gefühle

Der Rhodochrosit weckt zarte Gefühle in uns. Falls unser Herz verhärtet ist, verletzt über viele Leben, dann sagt der Rhodochrosit: „Wage es neu." Damit ermutigt er uns, ein Wagnis einzugehen. In seiner Schwingung werden wir allmählich bereit, neu zu lieben, unser Herz zu öffnen, Liebe zu empfangen. In seiner sanften Art lässt er uns teilhaben an Gefühlen der Liebe, die er ausstrahlt. Wir spüren erneut, dass es sich lohnt, zu lieben, dass wir Liebe brauchen, wenn wir lebendig bleiben wollen.

Er ist ein Stein für die erste Bereitschaft zur Liebe. Dabei hat er sich der irdischen Liebe gewidmet.

Rhodochrosit:	*ZARTE LIEBE - BEGINN*
Zusammensetzung:	*$Mn[CO_3]$*
Härte:	*3,5 - 4*
Farbe:	*Rosatöne mit Weiß, gestreift; selten kristallin*
Fundorte:	*Argentinien, USA, Russland, Peru, Südafrika*

Besonderes: Obwohl der Rhodochrosit meist rosa weiß gebändert aussieht, gibt es auch wunderschöne Kristalle, die dann kräftig rosa und durchscheinend sind.

Energie-Zuordnung: 2

RHODOLITH (Granat)

Aufarbeitung der Vergangenheit

Dieser kraftvolle Stein versöhnt uns mit unserer Vergangenheit. Während er uns in Schwingungen der Liebe hüllt, gewährt er uns (unbewusst) Einblick in vergangene Erlebnisse. Damit belehrt er uns. Er zeigt auf, wo wir auf Grund unseres Unverständnisses nicht verziehen haben, wo wir hadern oder hassen. Er erlaubt uns, diese Geschehnisse mit den Augen der Liebe zu sehen und zu verstehen. Gleichzeitig unterstützt er uns mit seiner Kraft im Prozess der Vergebung. Er lässt uns erkennen, dass Heilung und Frieden nur durch Vergebung erreichbar sind.

Der Rhodolith ist besonders für jene geeignet, die ihr Herz aus Angst vor Liebe mühsam verschlossen halten, denn er gibt ihnen Vertrauen.

Rhodolith:	*VERGANGENHEITSBEWÄLTIGUNG*
Zusammensetzung:	*wie Pyrop (ebenfalls Härte)*
Farbe:	*rot mit einem deutlichen Stich ins Violette*
Fundorte:	*Tansania*

Besonderes: Der Rhodolith wird auch Kapgranat genannt.

Energie-Zuordnung: *2*

RHODONIT

Herzöffner

Der Rhodonit beruhigt unser Herz. Er verspricht uns Heilung, wenn wir ihn oft genug anwenden. Da er ein sehr erdiger Stein ist, haben seine Liebesschwingungen gewissermaßen Hand und Fuß. Er wird gern von denen getragen, die sich keine Illusionen über Liebe machen und bereit sind, für eine Gemeinschaft etwas aufzugeben; für solche, die wissen, was sie tun, wenn sie sich auf irdische Liebe einlassen. Ein handfester Stein, der ein guter Helfer ist.

Rhodonit:	*HERZÖFFNER*
Zusammensetzung:	$(Ca, Mg)(Mn^{2+}, Fe^{2+})_4[Si_5O_{15}]$
Härte:	*5,5-6*
Farbe:	*meist dunklere Rosatöne mit schwarzen Einlagerungen*
Fundorte:	*USA, Australien, Russland, Indien, Madagaskar*

Energie-Zuordnung:	*2*

ROSENQUARZ

VERTRAUEN - FREUDE - ZUVERSICHT

Der Rosenquarz baut unser Vertrauen auf. Wir erinnern uns normalerweise nicht, dass wir Vertrauen *sind*, wir meinen immer, wir müssten Vertrauen erwerben und in uns entwickeln.

Mit diesem Stein gelingt uns die Verbindung zu unserem Urvertrauen. Die äußere Wirkung zeigt sich in Empfindungen des Vertrauens, der Freude und der Zuversicht. Daher nehmen wir ihn auch als beruhigend und schützend wahr.

Er ist ein guter Stein für Menschen, die sich nicht mehr verändern wollen. Nicht umsonst wird er viel von alten Damen getragen. Er wirkt in seiner zarten Schwingung wohltuend, weil er nicht fordert. Er verschönert den Lebensabend (auch Männern!).

Wer sich verändern möchte, braucht ihn umso mehr. Wenn wir unsere Entwicklung als zu anstrengend empfinden, wenn es uns nicht schnell genug geht oder wenn wir verzagt sind, hilft er uns auf sanfte, aber nachdrückliche Weise. Ohne ihn ist jede Entwicklung schwieriger. Auf seine Weise macht er Mut, das Leben zu lieben. Trotz seiner zarten Ausstrahlung ist der Rosenquarz ein sehr kraftvoller Stein! Auch Kinder lieben ihn sehr.

Rosenquarz:	*MUT ZUM LEBEN*
Zusammensetzung:	SiO_2
Härte:	*7*
Farbe:	*rosa, blassrosa*
Fundorte:	*Brasilien, Südafrika, Madagaskar*

Besonderes: Rosenquarz kommt ganz selten als Kristall oder fast durchsichtig vor. Diese Stücke besitzen dann eine unendliche Schwingung, sind aber entsprechend teuer.

Energie-Zuordnung: 2

RUBIN (Korund)

Mit dem Rubin umgibt uns die Schwingung der absoluten Liebe

Der Rubin verströmt sich in die Welt. Er liebt uns Menschen sehr und er zeigt uns, was Liebe ist - bedingungsloses Verströmen. Dieser Stein gibt uns die Möglichkeit, unser Liebespotenzial zu erkennen und zu leben. Er lehrt, dass LIEBE über allem steht. Liebe allein führt zu Gott, Liebe allein führt zu Menschen. *Wer liebt, lebt.* Wer nicht liebt, ist tot.

Der Rubin macht uns bewusst, dass wir Liebe *sind.* Es geht nicht darum, sich Liebe zu erarbeiten oder zu erwerben. Es geht um die Erkenntnis, dass wir Liebe *sind* und diese Liebe nur zu leben brauchen. Der Rubin hilft uns, unser Herz zu öffnen, damit wir uns verströmen können. Seine Botschaft lautet: „Gott und die Liebe sind eins. Übergibst du dein Wachstum der Liebe, übergibst du es Gott."

In Jahrmillionen entstanden, enthält der Rubin das Wissen um alle Geschehnisse auf diesem Planeten. Er weiß um sämtliche Hindernisse, die sich Menschen in den Weg legen können, um der Liebe in ihren Herzen auszuweichen. Er heilt unsere Angst vor Liebe.

Rubin:	*ABSOLUTE LIEBE*
Zusammensetzung:	Al_2O_3
Härte:	*9*
Farbe:	*rot (Qualitätsbegriff: Taubenblutfarbe, was gleichbedeutend ist mit einer Spur ins Violette)*
Fundorte:	*Burma, Siam(Thailand), Sri Lanka (Ceylon), Kenia, USA, Tansania*

Besonderes: Der Rubin zählt zu den teuren Edelsteinen. Je reiner und durchsichtiger, umso teurer ist er. Für uns genügen auch die undurchsichtigen Rohsteine. Es gibt Händler, die Rubinstücke aus Zoisit-Material herausschlagen und verkaufen. Hier habe ich die schönsten Stücke entdeckt, so groß wie ein kleineres Hühnerei, kräftig in der Farbe und von einer wunderbaren Energie. Sie sind kraftvoll und lebendig, außerdem auch preiswert.

Energie-Zuordnung:	*AUSDRUCK FÜR VOLLKOMMENHEIT*

RUTILQUARZ

Ausdauer als Lebensqualität

Rutilqaurz sollten wir so oft wie möglich tragen. Er verleiht uns Festigkeit unserer Anschauungen, da, wo es berechtigt ist. Er hilft uns, unseren Weg konsequent zu gehen, und dabei erleichtert er uns unsere Schritte noch durch das Lichtpotenzial, mit dem er uns verbindet.

Der Rutilquarz ist ein ganz großer Heiler. Er kann uns Schmerzen nehmen, weil er unsere Anschauungen verändert, wenn es nötig ist. Schmerz ist Festhalten am Wollen, wo das Wollen nicht gut für uns ist. Der Rutilquarz erleichtert Loslassen und Umdenken. Er ist ein persönlicher Freund der Menschen.

Rutilquarz:	*KONSEQUENZ*
Zusammensetzung:	*Bergkristall oder Rauchquarz mit nadelig-faserigen Einschlüssen von Rutil /(Titanoxid).*
Härte:	*7*
Farbe:	*farblos oder braun mit goldgelben bis rötlichen Rutilnadeln*
Fundorte:	*Brasilien*

Energie-Zuordnung:	*2*

SAPHIR, BLAU (Korund)

GLAUBE ÖFFNET UNSERE HERZEN

Der blaue Saphir führt uns zu Gott. Er ist verbunden mit dem Prinzip des Glaubens. Wer sich zu diesem Saphir hingezogen fühlt, fühlt sich zu Gott hingezogen. Er reinigt uns von dem Gedanken, dass GOTT eine Vaterfigur ist. Er lehrt, dass Gott eine Energie von Liebe und Weisheit ist, von Gerechtigkeit und Güte, reines Licht, von Kraft und Stärke. Der Saphir heilt uns von allen Gottesbildern und gibt der Schöpfung allen Lebens Raum. Er fordert uns auch auf, Gott in uns zu erkennen. So setzt er einen Reinigungsprozess in Gang, der voraussichtlich schmerzlich ist. Belohnt werden wir durch ein tiefes Vertrauen in die Schöpfung. Die Saphire in allen Farben bewirken die geradlinigsten Lernprozesse. Der blaue sorgt für Klarheit und Wahrheit, und das auf dem schnellsten Wege. In seiner absoluten Gottverbundenheit lernen wir, dass Klarheit und Wahrheit immer heilsam sind. Dieser Saphir ist ein außerordentlicher Stein. Wir sollten ihn entsprechend ehren.

Saphir:	*GLAUBE*
für alle Saphire gilt	
Zusammensetzung:	Al_2O_3
Farbe:	*blau*
Fundorte:	*Burma, Sri Lanka (Ceylon), Montana/USA, Siam (Thailand), Australien, Tansania, Kaschmir, Kamputschea (Kambodscha), Nigeria*

Besonderes: Zur Gruppe der Korunde gehören die Saphire (Blautöne), Rubine (Rottöne) und Padparadschas (gelborange bis orange und apricotfarben). Alle anderen Korunde werden mit ihrer Farbe und dem Beinamen Saphir bezeichnet, z. B. gelber oder grüner Saphir. Wenn wir nur von Saphir sprechen, ist immer der *blaue* gemeint. Dieser hat einen großen Teil aller geistigen Edelsteinqualitäten in sich vereint. Zusammen mit dem Rubin und dem Smaragd enthalten diese drei alle Edelsteinqualitäten.

Energie-Zuordnung: *AUSDRUCK FÜR VOLLKOMMENHEIT*

SCHNEEFLOCKENOBSIDIAN

Ein strenger Stein - und doch fröhlich

Wer einen Schneeflockenobsidian trägt, muss sich auf gewisse Prozesse gefasst machen: Loslassen von Altem, Überprüfung von Beziehungen, Ausloten seiner Tiefen.

Wie wirkt er? Er stärkt den Glauben an uns selbst und erlaubt uns daher eine Überprüfung unseres Lebens und unserer Lebenssituation. In seinem Schutz stellen wir unser Leben in Frage. Es reicht oft, einen größeren Stein eine Woche lang bei sich zu tragen, um den Grundstein zu legen für ein neues Leben. Der Impuls ist dann gesetzt. Bis der Impuls in unser Bewusstsein rückt, bis wir die Voraussetzungen schaffen und bis sich unsere Lebenssituation tatsächlich geändert hat - bis dahin begleiten uns noch viele andere Steine mit ihren heilsamen Schwingungen.

Schneeflockenobsidian:	*ÜBERPRÜFUNG*
Zusammensetzung:	*vorwiegend* SiO_2
Härte:	*5 - 5,5*
Farbe:	*schwarz mit hellgrauen Flecken*
Fundorte:	*hauptsächlich USA und Mexiko*

Besonderes: Obsidian ist ein überwiegend aus Kieselsäure bestehendes Gestein in Form von Glas. Es entsteht bei Vulkanausbrüchen. Manchmal bilden sich durch Entgasung weiße, radialstrahlige Flecken, so genannte Sphärolithe. Dieses „Gestein“ nennt man dann Schneeflockenobsidian.

Energie-Zuordnung: *3*

SELENIT (Marienglas)

LICHT - VERGÄNGLICHKEIT

Wer den Selenit mag, hat noch nicht zu sich gefunden, sehnt sich aber danach. Er verspricht uns eine wunderbare Entwicklung, wenn wir lernen, auf unsere innere Stimme zu hören. Er verstärkt diesen Wunsch und läutert unsere Wahrnehmungsfähigkeit. Außerdem stärkt er unsere Bereitschaft, nach innen zu gehen. Er gibt uns das Gefühl, dass wir auf diesem Wege sicher begleitet sind. Mit einem Rosenquarz zusammen intensiviert sich seine Wirkung.

Selenit:	*LICHT*
Zusammensetzung:	$Ca[SO_4] \cdot 2H_2O$
Härte:	*1,5 - 2*
Farbe:	*weiß, weitgehend transparent*
Fundorte:	*weltweit*

Besonderes: Selenit ist die englische Bezeichnung für Gips. Wir reden hier von dem fast transparenten Gips, der meistens Selenit genannt wird. Undurchsichtiger, oft andersfarbiger Gips besitzt eine unterschiedliche Schwingung.

Energie-Zuordnung: *2*

SEPTARIE

Verantwortung für unser Leben

In diesem Stein sind Erinnerungen gespeichert, die für bestimmte Menschen wichtig sind. Wer diesen Stein in die Hand nimmt und hellsichtig ist, wird erkennen, vor welcher Aufgabe er sich verschließt. Dabei erinnert uns dieser Stein an Geschehnisse, die längst vergangen sind, die uns aber heute noch derart beeinflussen - weil wir nicht vergeben haben -, dass wir auf Grund der damaligen Erlebnisse unsere heutige Aufgabe nicht erfüllen wollen. Wir fürchten das Drama von damals. Darüber hinaus fürchten wir Versagen und Untergang. Jede Knolle birgt ein Geheimnis und unterschiedliche Botschaften an unterschiedliche Menschen.

Da dieser Stein aber nicht nur Erinnerungen aufleben lässt, sondern uns vor allem die Kraft gibt, unserem *heutigen* Leben zu folgen, führt er uns zu mehr Verantwortung für unser Leben. Er lässt uns reifen.

Septarie: *GEHEIMNIS UND WACHSTUM*

Besonderes: Hier handelt es sich um teilweise große Tonknollen, die in ihrem Innern Calcit, Pyrit, Quarze oder ähnliche Mineralien beherbergen. Die typischen Muster sind durch Risse im kalkhaltigen Ton entstanden, in denen sich Lösungen sammelten, die später zu Stein wurden. Zusammensetzung, Farben und Härte variieren also entsprechend.

Fundorte: *Utah/USA und weltweit*

Energie-Zuordnung: *1*

SERPENTIN

Leichtigkeit in Herzensdingen

Der Serpentin in seiner besten Qualität verstrahlt Sanftmut. Er schmeichelt sich in unsere Gefühle und lässt uns zärtlich werden mit uns selbst. Diese sanfte Schwingung von Zuwendung, Zärtlichkeit und Liebe kann auf manche Menschen stärker wirken als ein kraftvoller Stein mit Schärfe und absoluter Klarheit. Bei großen Verletzungen in der Vergangenheit sprechen einige von uns auf sanfte Energien besser an als auf zu kraftvolle.
Sanftmut ist Stärke. Ohne Sanftmut gibt es keine Liebe. Genießen wir diese Energie, die uns in dieser Zeit so oft verloren geht. Ruhe und Zärtlichkeit - dieser Stein beschenkt uns damit.

Serpentin:	*ZÄRTLICHKEIT*
Zusammensetzung:	*Mineralgruppe, oft* $(Mg, Fe^{2+})_6[(OH)_8/Si_4O_{10}]$ *(Antigorit) oder* $Mg_6[(OH)_8/Si_4O_{10}]$ *(Klinochrysotil)*
Härte:	*2 - 3, manchmal härter*
Farbe:	*meist undurchsichtig grün von hell bis dunkel, aber auch weißlich, bräunlich, schwärzlich*
Fundorte:	*weltweit*

Besonderes: Den Serpentin umgibt eine wundervolle Schwingung. Trotzdem müssen wir beim Kauf klären, ob wir Jade kaufen, Serpentin oder eine Serpentinart. Denn jedes dieser Mineralien hat eine eigene Schwingung. Serpentin ist ziemlich verbreitet uns wird in Ostasien als „New Jade“ (Neue Jade) exportiert. Also werden Ihnen viele Händler erzählen, Sie würden Jade kaufen, wenn Sie Serpentin in der Hand halten. Fragen Sie den Fachmann! Auch Aufkleber täuschen oft!

Energie-Zuordnung: 3

SIDERIT

Bewältigung des Alltags

Größe bewirkt Großes. Was ist Großes? Meine Aufgabe, zu leben. In Frieden zu leben ist ein Geschenk, in Frieden mit mir selbst.

Wir verkennen oft die Größe des Alltags. So wie der Alltag unser Bewusstsein schult für Beständigkeit, Geduld und Größe, so bewirken ungewöhnliche Ereignisse die Umkehrung - ein kurzfristiges Erheben aus Gebundenheit, einer Gebundenheit, die wir uns schaffen.

Schulung durch das Licht, das Leben, führt uns immer zur Liebe. Wer Liebe lebt, wird seinen *Alltag* anders leben können und darin seine Größe entdecken.

Guter Stein für das Herzzentrum.

Siderit:	*BESTÄNDIGKEIT*
Zusammensetzung:	*$Fe[CO_3]$*
Härte:	*4 - 4,5*
Farbe:	*gelb bis bräunlich gelb bis gelblich grau*
Fundorte:	*Brasilien, Deutschland, Österreich, England, Russland*
Energie-Zuordnung:	*3*

SMARAGD (Beryll)

In der Tiefe des Herzens liegt ein Smaragd

Der Smaragd erneuert uns. Er verbindet uns mit unserem Ursprung, mit unserem Versprechen, Mensch zu sein.

Als der Smaragd geboren wurde, gelobte er, den Menschen zu helfen. „Ich führe sie in ihre eigene TIEFE, damit sie erkennen, wer sie sind", sagte er. In diesem Versprechen liegt sein Geschenk, liegt seine Hilfe. Was immer wir über uns erkannt und verstanden haben - es gibt mehr. Was immer wir über Gott erfahren dürfen - es gibt mehr.

Die Tiefe in uns birgt alle Geheimnisse und alle Schätze. Sie befähigt uns, immer wieder neu zu beginnen, sie ist der Quell aller göttlichen Gefühle: Ich bin Vertrauen, ich bin Glück, ich bin Mut, ich bin Hoffnung, ich bin *göttlich.*

Ich *bin*, wer ich *bin.* Der Smaragd ist der Schlüssel zu MIR.

Er ist der stärkste Heilungsstein für unser Herz.

Smaragd:	*ERNEUERUNG*
Zusammensetzung:	$Be_3Al_2[Si_6O_{18}]$
Härte:	*7,5 - 8*
Farbe:	*smaragdgrün, grün, blassgrün, chromgrün*
Fundorte:	*Kolumbien, Brasilien, Indien, Rhodesien (Simbabwe), Südafrika, Sambia*

Besonderes: Der Smaragd darf Einschlüsse haben, manchmal machen sie seine Schönheit aus.

Energie-Zuordnung: *AUSDRUCK FÜR VOLLKOMMENHEIT*

SMITHSONIT

Wechsel - Aufgeben alter Muster

Der Smithsonit bereitet uns auf neue Aufgaben vor. Er ermutigt uns zu einem Wechsel. Das kann Partnerschaft, Beziehungen, Beruf, Aufgaben, Wohnort usw. sein. Wo Wechsel nötig wird, sind Ängste nicht fern. Dieser Stein erinnert uns, dass es die Veränderungen sind, die uns vorwärts bringen, die uns wachsen lassen.

„Nur MUT", sagt er, „DU SCHAFFST ES." In diesem Sinne ist er unser bester Freund.

Smithsonit:	*WECHSEL*
Zusammensetzung:	$Zn[CO_3]$
Härte:	*4 - 4,5*
Farbe:	*farblos, weiß, grau, gelb, orange, blassgrün, blassblau, braun, rot*
Fundorte:	*Europa, Russland, USA, Australien, Südafrika*

Energie-Zuordnung: *2*

SODALITH

DURCHBRUCH ZU UNS SELBST

Seine Qualität erinnert an ein Versprechen, das wir unbedingt einhalten sollten: *Treue zu uns selbst.*

Allen Wesen ist eine bestimmte Qualität mitgegeben, die kein anderes Wesen aufweist. Das macht unsere Persönlichkeit aus. Bei aller Ähnlichkeit, bei aller Gleichheit liegt hier unser Geschenk an die Welt, hier haben wir der Welt etwas *Bestimmtes* zu geben. Die Welt wäre kein GANZES, wenn auch nur ein Wesen seine ganz besondere Qualität aufgeben würde. Wir sind EINS und jedes Wesen gehört zu dieser Einheit.

So ermutigt uns der Sodalith diese ureigene Qualität zu leben, sie der Welt zum Geschenk zu machen. Wir wachsen, wenn wir geben. Mit uns selbst sollten wir beginnen.

Sodalith:	*TREUE ZU SICH SELBST*
Zusammensetzung:	$Na_8[Cl_2/Al_6Si_6O_{24}] \cdot 2H_2o$
Härte:	*5,5 - 6*
Farbe:	*blau, grau, mit Weiß und Schwarz*
Fundorte:	*Brasilien, Kanada, Indien, Südwestafrika, USA*

Energie-Zuordnung:	*2*

SONNENSTEIN (Aventurin-Feldspat)

Freude an der Erfüllung

Der Sonnenstein wird unterschätzt. Er ist ein wichtiger Stein für die Neuzeit und dabei ein unbeliebter Lehrer. Er lehrt, dass es nötig ist, zu *teilen*. Solange wir bereit sind zu teilen, ist unser Leben gesegnet. Wenn nicht, erwarten uns massive und schmerzhafte Lernprozesse. Gott teilt seine KRAFT mit uns. Werden wir das erkennen und dieses Geschenk nutzen?
Wer sich auf den Sonnenstein einlässt, ist bereit zu teilen, selbst wenn es widerwillig ist. Teilen will gelernt sein. Ein ständiger Lernprozess der Menschheit ist es, abzugeben und loszulassen. Wir bekommen nur, wenn wir etwas anderes losgelassen haben. Wir leben in Fülle, wenn wir teilen.
Ohne unsere Bereitschaft, zu teilen, wird dieser Planet nicht überleben. Wenn wir die Bereitschaft in die Tat umsetzen, werden wir jede Hilfe bekommen. Dieser Planet soll gerettet werden. Jede Handlung in diese Richtung wird von der geistigen Welt unterstützt. Helfer der Welt sind Auserwählte Gottes. Es ist ein Geschenk der Reife, zu erkennen, dass JEDER von uns auserwählt ist.

Sonnenstein:	*FREUDE AM LEBEN*
Zusammensetzung:	*(Na,Ca) [(Si, Al)$_2$Si$_2$O$_8$]*
Härte:	*6 - 6,5*
Farbe:	*orange, rotbraun, glitzernd, selten in anderen Farben*
Fundorte:	*USA, Indien, Kanada, Norwegen, Rußland*

Besonderes: Hier handelt es sich um den Aventurin-Feldspat-Sonnenstein. Nicht zu verwechseln mit dem orangefarbenen Aventurin (Quarz), der auch glitzern kann, aber im Vergleich zum Aventurin-Feldspat nur ganz gering. Den echten Sonnenstein zeichnet aus, dass er beim Drehen und Wenden ganz stark goldorange schillert. Billigsteine werden manchmal als Sonnensteine bezeichnet. Hier handelt es sich um Goldfluss, ein künstliches Glas mit Flimmeranteilen.

Energie-Zuordnung: *3*

SPINELL, BLAU

Vorwurf

Mit diesem Spinell handeln wir uns einen Freund ein, der bitter schimpft. Nichtbeachtung tut weh. Wer liebt schon einen dunkelblauen Spinell?
Er sagt: „Wenn ihr nur *sehen* könntet! Wie ihr *mich* nicht bemerkt, so entgeht euch die Hälfte der Welt! Was seht ihr denn? Illusion! Abglanz! Und damit gebt ihr euch zufrieden! Nehmt wahr, dass ich euch liebe, nehmt wahr, dass ich euch helfen will! Wer mich liebt, wird verstehen, was ich meine."
Und dann, etwas ruhiger: „Ich bin ein Beispiel für Liebe - *verlorene Liebe.* Es gibt so vieles in dieser Welt, was euer Herz öffnen könnte, und ihr geht vorbei. Liebt ihr euch genauso? Ja. Ihr wollt nur Teile von euch. Ihr akzeptiert euch nicht ganz. So könnt ihr nicht leben, das macht euch unglücklich."
Und liebevoll: „Nehmt mich in die Arme und seht, was ich bewirken kann. Fühlt meine Liebe, nehmt meine Geschenke an. Vertraut, dass Gott euch beschenken möchte in reichem Maße. Seid offen dafür."
Wer den dunkelblauen Spinell trägt, ist bereit, eine neue Welt zu sehen.

Spinell, blau:	*ERKENNEN*
für alle Spinelle gilt	
Zusammensetzung:	$MgAl_2O_4$
Härte:	*7,5 - 8*
Farbe:	*rosa, kräftig rot, gelbrot, orange, gelb, blau, dunkelgrün, violett, schwarz*
Fundorte:	*Burma, Sri Lanka (Ceylon), Indien, Brasilien, USA, Ural, Madagaskar, Australien*

Energie-Zuordnung:	*1*

SPODUMEN

Feuer der Liebe im Herzen erwecken

Der Spodumen ist ein besonderer Edelstein. Manchmal unscheinbar wirkend, wohnt in ihm eine sehr hohe Kraft. Er erinnert an die Christusliebe, die in uns allen wirkt.
In unser Menschheitsgeschichte sind wir alle beteiligt an dem, was Jesus Christus erlebt hat. Seine Schmerzen sind unsere Schmerzen. Seine Liebe auch. Als einer der Höchsten Meister hat er uns mehr beeinflusst, als wir glauben. Seine Lehre von der bedingungslosen Liebe wohnt in unseren Herzen. Wir sind ihm tiefer verbunden, als wir ahnen.
Der Spodumen kommt zu denen, die die Christuskraft in ihrem Herzen fühlen, die Gott gerufen haben und sich danach sehnen, für Gott zu leben. Der Spodumen verspricht höchste Seligkeit. Gott ist in uns. Die Christusliebe auch.

Spodumen:	*CHRISTUSLIEBE*
Zusammensetzung:	$LiAl[Si_2O_6]$
Härte:	*6 - 7*
Farbe:	*farblos bis beigegrau durchsichtig*
Fundorte:	*Afghanistan, Madagaskar, USA, Brasilien, Burma*

Besonderes: Kunzit (rosa) und Hiddenit (grün) gehören zu den Spodumenen. Was farblich nicht in diese Bezeichnung passt, wird nur Spodumen genannt.

Energie-Zuordnung: *1*

STAUROLITH (Kreuzstein)

Erlösung aus Unsicherheit

Ein Stein, der uns an den Kern aller Dinge erinnert - an GOTT. Er sagt: „Bist du nicht im Reinen mit dir, bist du nicht im Reinen mit Gott. Gott ist in ALLEM. Suche ihn."

Dieser Stein *erinnert* uns also. Wenn wir uns auf die Suche begeben, sollten wir die Hilfe anderer Edelsteine in Anspruch nehmen.

Staurolith:	*ANSTOSS*
Zusammensetzung:	$(Fe^{2+}, Mg, Zn)_2Al_9[O_6(OH)_2/(SiO_4)_4]$
Härte:	*7 - 7,5*
Farbe:	*rötlich braun bis schwärzlich braun bis schwarz*
Fundorte:	*Deutschland, Österreich, Schweiz, USA*

Energie-Zuordnung: *2*

STELLARIT

HEILT VERZWEIFLUNG

Ein Stein mit großer Wirkung. In seinem Grün liegt viel Heilungsenergie, in seinem Schwingungsfeld auch. Ein Stein, der Mut und Hoffnung vermittelt - Mut zum Leben, Hoffnung auf ganzheitliche Heilung, Heilung unseres *Herzens*.

Schmerz ist nicht das, was er scheint. Schmerz zu lieben - d. h. den dahinter liegenden Lernprozess - ist der sicherste Weg zur Heilung.

Stellarit: *HILFE FÜR DIE WELT*

Zusammensetzung: *Verwachsungen von Jaspis mit Chrysokoll, Malachit und Limonit*
Härte: *6,5*
Farbe: *überwiegend grün*
Fundorte: *USA, Mexiko*

Energie-Zuordnung: *1*

STELLERIT

Wahnsinn

Mit diesem Stein finden wir eine Ebene in uns, die wir normalerweise leugnen - Wahnsinn.

Was ist Wahnsinn? Gehört nicht etwas Wahnsinn dazu, diese Erde geschaffen zu haben? Auch in uns lebt Wahnsinn. Ohne Wahnsinn kein Leben. Ohne Wagnis kein Glück. Haben wir Vertrauen in unser Leben, unsere Visionen und Gesichte. Vielleicht irren wir uns. Aber welch eine Vergeudung, wenn alles wahr ist, was wir sehen - und wir nicht danach leben.

Gott wahrhaft zu folgen, bedeutet Liebe. Aber ohne eine Spur von Wahnsinn wären wir nicht dazu fähig. Schulen wir uns mit diesem Stein in der Kraft der Unterscheidung.

Stellerit:	*WAHNSINN*
Zusammensetzung:	$Ca[Al_2Si_7O_{18}] \cdot 7H_2O$
Härte:	*3,5 - 4*
Farbe:	*farblos, weiß, grau, gelblich, bräunlich*
Fundorte:	*Alaska*

Energie-Zuordnung: *1*

STERN (Saphir, Rubin)

Erleuchtung im Christusgeist

Die Erscheinung eines Sternes (Asterismus) kommt in einigen Edelsteinen vor. Am bekanntesten ist sie bei undurchsichtigen Saphiren und Rubinen.

Für uns bedeutet sie immer Erleuchtung und Erinnerung an die Christusenergie.

„Vertraue deinem Herzen. Folge mir", würde Christus sagen. Der Stern ist ein Symbol dafür.

Stern-...: *ERLEUCHTUNG IN CHRISTUS*

Energie-Zuordnung: *1*

SÜSSWASSERPERLEN

Ewige Vollkommenheit

Die Süßwasserperlen unterscheiden sich von anderen Perlen völlig. Während Salzwasserperlen eine starke Ausstrahlung von Schmerz abgeben, d. h. der Überwindung des Schmerzes auf dem Wege zur Vollkommenheit, erstrahlen die größeren (!) Süßwasserperlen in einer Schwingung der reinen Vollkommenheit und Freude. Bei ihnen ist es so, als wäre der Schmerz, mit dem sie entstanden sind, nicht mehr wichtig, als wäre er nie gewesen.

Diese Perlen lehren uns, dass wir größten Schmerz und qualvolles Sterben wahrhaft heilen können. Sie lehren uns, dass wir alles überwinden können, was uns einmal wehgetan hat, und dass Liebe *alles* heilt.

Wer diese Perlen besonders liebt, hat in sich schon sehr viel gereinigt, hat Transformation schon verstanden. Die Süßwasserperlen sind ein Geschenk für Menschen, die sich nach Vollkommenheit sehnen und ihr Bestes geben, um sie zu erreichen.

Ein Geschenk der Natur an liebende Menschen.

Süßwasserperle:	*VOLLKOMMENHEIT*
Zusammensetzung:	*84 - 92 % Calciumcarbonat, 4 - 13 % organische Substanz, 3 - 4% Wasser*
Härte:	*3 - 4*
Farbe:	*hell, weißrosa, goldgelb, zartbraun (fast immer gebleicht) mit Perlmutterschimmer*
Fundorte:	*Obwohl es natürliche Süßwasserperlen gibt (die winzigen natürlichen Flußperlen sind hier nicht gemeint), werden die allermeisten gezüchtet. Am bekanntesten sind die Perlen, die im Biwasee/Japan heranwachsen. Sie haben eine besonders gute Schwingung, wenn sie nicht zu winzig sind.*

Besonderes: Auch diese Perlen entstehen durch Schmerz und Ausgleichsbedürfnis der Tiere. Überraschenderweise umgibt sie aber eine Schwingung des Glücks und der Freude. Tragen wir sie in Ehrfurcht.

Energie-Zuordnung: *1*

SUGILITH

Ehrfurcht vor dem Leben

Der Sugilith lehrt uns GRÖSSE. Wir erkennen wahre Größe selten, weil unsere Augen müde sind durch Täuschungen, unser Herz erschöpft durch Verausgabung, und so werden wir auch seine Größe höchstens ahnen. Er reinigt Herz und Gedanken, er erfrischt unsere Seele, er beflügelt unseren Geist. Wir *erkennen* und daraus schöpfen wir Kraft.
Hier treffen wir einen bedeutenden Edelsteinhelfer. Er ist der erste einer Serie von Steinen für die Neuzeit, die das Steinreich uns noch zur Verfügung stellen wird.
Menschen, die den Sugilith lieben, sind Kinder der Neuzeit, die ihre Aufgabe schon erkannt haben. Sie gehören zu einem Kreis von Helfern für die Umbruchsphase, und der Sugilith hat sie gerufen.
Indem er uns *Ehrfurcht vor dem Leben* lehrt, übernimmt dieser Edelstein seine Aufgabe, die Menschheit zur Umkehr zu bewegen. Helfer der Neuzeit unterstützen ihre Mitmenschen in diesem Prozess.

Sugilith:	*EHRFURCHT VOR DEM LEBEN*
Zusammensetzung:	$Na_3KLi_2Fe_2^{3+}[Si_{12}O_{30}]$
Härte:	*6,5 - 7*
Farbe:	*rotviolett, bläulich purpur bis blaupurpur, lila*
Fundorte:	*Japan, Südafrika*

Besonderes: Der Sugilith wurde 1944 in Japan entdeckt, für den Handel allerdings erst 1975 in Südafrika. Je kräftiger die lila Farbe ist, umso besser. Steine, die zu viel Schwarz oder Grau enthalten, sollten wir meiden. Anfangs wurde dieser Stein auch Sogdianit genannt. Der Sogdianit ist ein ähnliches Material, aber er enthält Zirkonium.

Energie-Zuordnung: *1*

TIGERAUGE

ERKENNTNIS MEINER MATERIELLEN WÜNSCHE UND KRAFT FÜR DIE UMSETZUNG

Ein wichtiger Stein. Aber Vorsicht - für die meisten von uns ist er zu intensiv auf die materielle Ebene ausgerichtet.

Es gehört zu unserer Entwicklung Wünsche zu haben uns sie und zu erfüllen. Die meisten von uns haben das hinter sich. In den kommenden Jahrhunderten geht es darum, *teilen* zu lernen und auf Wünsche zu verzichten, die dem Ego entspringen. Dadurch werden wir die größten geistigen Geschenke erhalten. Ein großes Geschenk ist die Wunschlosigkeit. Aber sie setzt Reife voraus und darf nicht mit Verweigerung verwechselt werden.

Dieser Stein ist gut für Menschen, die noch lernen müssen sich durchzusetzen. Vorsichtshalber sollte er in Verbindung mit rosa Steinen verwendet werden.

Tigerauge:	*MATERIALISMUS*
Zusammensetzung:	*SiO_2 mit parallelfaserigen Einschlüssen von Krokydolith, einer Asbestart (ungefährlich)*
Härte:	*7*
Farbe:	*gelb, goldbraun, braun (Farbspiel)*
Fundorte:	*Südafrika, Australien, Burma, Indien, USA*

Energie-Zuordnung:	*3*

TIGEREISEN

HEILUNG DURCH AUFGEBEN

Guter Heilstein für die körperliche Ebene. Zieht Entzündungen aus dem Körper.
Er ermutigt uns, einen inneren Abwehrmechanismus aufzugeben und heil zu werden.

Tigereisen:	*HEILSTEIN*
Zusammensetzung:	*SiO_2 mit Hämatitbändern*
Härte:	*7*
Farbe:	*gelb, goldbraun, braun, rötlich - mit Hämatit*
Fundorte:	*Australien*

Energie-Zuordnung:	*3*

TITANIT (Sphen)

Bewirkt das Loslassen von unserem Heisshunger auf Liebe

Dieser Stein dient unserem Besten, denn unter seinem Einfluss verlassen wir uns auf uns selbst, wir *suchen* nicht mehr nach Liebe. Liebe ist ein Geschenk, das aus dem Herzen kommt. Wir können Liebe weder erwerben noch erzwingen. Wir begegnen ihr erst, wenn wir selbst lieben.

Er entzieht uns auch zur Erkenntnis unserer Größe. Wenn wir verstehen, wer wir sind, ist Liebe kein Problem mehr. Je mehr wir uns lieben, umso stärker ist die Gewissheit, dass es viele Arten von Liebe gibt und wir alle leben dürfen. Wir *verzehren* uns nur nach Liebe, wenn wir uns von Gott getrennt fühlen. Spüren wir Gottes Liebe in uns, können wir auch irdische Liebe vollkommen annehmen und geben. Je mehr wir uns aber verzehren, desto entfernter sind wir von Liebe. Das Leben ist reich. Die Erkenntnis dieser Fülle erwächst aus Liebe. Wahre Erkenntnis vergrößert unsere Liebe, und Liebe wiederum vergrößert unsere Erkenntnis. Vertrauen wir in Gott, vertrauen wir in unsere *Fähigkeit* zur Liebe! Ein Stein, der nur kurzfristig wirkt, uns aber tief greifend beeinflussen kann.

Titanit:	*LIEBE*
Zusammensetzung:	*$CaTi[O/SiO_4]$*
Härte:	*5 - 5,5*
Farbe:	*gelb, braun, grün*
Fundorte:	*Schweiz, Italien, Sri Lanka (Ceylon), Kanada, Burma, Madagaskar, Brasilien*
Energie-Zuordnung:	*1*

TOPAS, BLAU

ERKENNTNIS MEINER KRAFT - EINWEIHUNG

Dieser Topas kommt zu uns, wenn wir unser gesamtes Leben verstehen wollen, wenn wir wissen wollen, warum das, was unser größter Wunsch schien, unser stärkstes Verlangen, nicht in Erfüllung ging.
Unser irdisches Herz mag klagen: „Ich habe mein Leben verfehlt." Das geistige Herz dehnt sich in der Schwingung des blauen Lichtes (blauer Topas) und versteht für uns: „Was ich gelebt habe, ist meine Aufgabe, meine Bestimmung. Ich mag mein Augenmerk auf etwas anderes gerichtet haben - eine Hoffnung, eine Illusion - aber gelebt habe ich meine Kraft, meine Stärke, meine Einheit mit Gott. Und ich habe es nicht bemerkt - bis heute."
Der blaue Topas läßt uns erkennen, wie unsere wirkliche Verbindung zu unserem Leben aussieht, was wir bereits erfüllt haben an Aufgaben, wie wir eins sind mit Gott - und welche Aufgaben noch auf uns warten.
Sich mit ihm zu verbinden heißt, Frieden zu finden in unserem Leben, Frieden aus dem Verständnis meiner Größe, meiner Liebe und Fähigkeiten, meiner allumfassenden Liebe zu Gott. Das Einmalige an diesem Stein ist die innige Verbindung mit der Gottesenergie, das freudige Sich-Auflösen in Gott, das Tanzen mit der Lebensenergie. Ein Stein für Weise, für Liebende des Universums, für die, die die Welt in ihrem Herzen tragen, ohne es zu wissen, für die, die sich verzehren nach Gott und sich immer wieder erinnern müssen, dass sie bereits *mit* und *in* Gott leben. Ein Stein, der die Schmerzen der Welt heilen könnte.

Topas, blau:	*FIEBER NACH DEM LEBEN*
Energie-Zuordnung:	*1*
für alle Topase gilt	
Zusammensetzung:	$Al_2[F, OH)_2/SiO_4]$
Härte:	*8*
Farbe:	*goldgelb bis goldbraun bis gelb, blau, rosa, farblos*
Fundorte:	*Brasilien, Rhodesien, Afghanistan, Pakistan, Mexiko, Sri Lanka (Ceylon)*

Besonderes: Die kräftig blauen Topase sind fast immer bestrahlt. Das gilt auch häufig für die rosafarbenen.

Energie-Zuordnung: *1*

TRAPICHE-SMARAGD (Beryll)

EINIGKEIT - FREUDE AN GOTT

Dieser ungewöhnliche Smaragd stärkt unser Selbstbewusstsein. Er lebt uns Verbindungen vor. Seine besondere Qualität ist Einheit. Was er aufzeigen möchte, ist dies: „Verbinde dich mit dem Leben, verbinde dich mit Gott, verbinde dich mit *dir*, und *du lebst glücklich.*"

Das Einssein mit uns selbst ist leichter, als wir denken. Aber es setzt die Erkenntnis voraus, dass wir es in den seltensten Fällen sind und es einen Lernprozess erfordert, diesen Zustand zu erreichen. Erst wenn ich nahezu alles über mich gelernt habe, bin ich fähig, mit mir *eins* zu sein.

Wer mit sich *eins* ist, ist eins mit Gott, ist eins mit dem Leben. Unsere Entwicklung könnte so einfach sein, unser Leben auch - wenn wir uns erlauben würden, mit uns zu verschmelzen.

Trapiche-Smaragd:	*VERSCHMELZUNG*
Zusammensetzung:	$Be_3Al_2[Si_6O_{18}]$
Härte:	*7,5 - 8*
Farbe:	*smaragdgrün mit einer dunklen „Wagenrad" - Zeichnung*
Fundorte:	*nur in Kolumbien*

Energie-Zuordnung:	*1*

TROPFSTEIN

Aufbau - Geduld

Tropfsteine (Stalaktiten, Stalagmiten) geben uns die Hoffnung auf eine Kraft in uns, die wir aktivieren können. Waren wir verzagt oder mutlos, sollten wir uns an ein Lebensprinzip erinnern - *Geduld.* Was in Jahrmillionen wächst, wollen wir in Sekunden schaffen - so ungefähr sieht die Energie aus, mit der wir an unsere Aufgaben gehen.

Tropfsteine lehren Geduld. Gleichzeitig versichern sie uns, dass alles entstehen kann, wovon ein Mensch träumt. Aber sie erinnern auch, dass manche Ziele viele Menschenleben benötigen, um erreicht zu werden. Zeit ist nichts im Universum. Überprüfen wir mit diesem Stein unseren eigenen Zeitbegriff. Das Geschenk ist *Ruhe* - Verständnis für Kraft und Aufbau und das Einsetzen unserer Möglichkeiten. Ein Stein für Unruhige, wenn die Unruhe aus der Angst resultiert, ihre Aufgaben vielleicht nicht erfüllen zu können.

Tropfstein:	*LEBEN*
Zusammensetzung:	*feinkörniger Calcit*
Härte:	*3*
Farbe:	*weiß-grau-beige-braun*
Fundorte:	*weltweit in Höhlen*
Energie-Zuordnung:	*3*

TSAVOLITH (Granat)

Erkenntnis meiner Göttlichkeit

Klarheit der Erkenntnis, Wissen um Liebe, Verständnis für den Partner. Der Tsavolith hilft den Alltag mit dem Partner zu leben. Wenn wir einen anderen Menschen lieben, dann gehen wir eine Gemeinschaft ein. Wenn wir zusammen wohnen, haben wir Probleme zu bewältigen. Das muss so sein, denn an Problemen wachsen wir, und eine intensive Partnerschaft ist ein schneller Weg, zu wachsen. Bei aller Liebe kann es aber auch ein sehr schwieriger Weg sein. Um mich und den Partner erkennen zu können, unser Verstecken und Verweigern aufdecken zu können hilft der Tsavolith, er schafft Klarheit und Verstehen.
Da er aber ein Granat ist und mit dem Prinzip der Liebe ohnehin verbunden, unterstützt er unsere Liebe zum anderen in ihrem Wachstum. Wenn wir erkennen und lieben, dann werden wir unseren Partner besser verstehen, und viele „Probleme" (Lernchancen) werden unwichtig. So ist er ein Stein der Liebenden, die ihre Liebe bewusst leben.

Tsavolith:	*KLARHEIT - LIEBE*
Zusammensetzung:	$Ca_3Al_2(SiO_4)_3$
Härte:	*7 - 7,5*
Farbe:	*grasgrün*
Fundorte:	*Tsavo-Nationalpark in Kenia*

Besonderes: Tsavolithe sind klein und werden zu Liebhaberpreisen gehandelt. Zu mir kam eine Kette aus dunkleren Splittersteinen, die das herrliche Grün nur gegen die Sonne gehalten enthüllt. Sie wirkt unscheinbar, ist aber von bester Energie uns war sehr preiswert. Es ist immer wichtig, zu vertrauen, dass jeder Stein für uns erschwinglich ist und zu uns findet, wenn wir seine Energie benötigen. Ich habe schon Edelsteine oder Schmuckstücke verliehen oder geborgte getragen. Da die Edelsteine lehren, dass es wichtig ist, unser Besitzdenken aufzugeben, sollten wir für ungewöhnliche Möglichkeiten offen sein. Es ist also nicht immer nötig, einen Stein zu kaufen.

Energie-Zuordnung: *1*

TÜRKIS

Der Stein der Weisen - Verbindung zu anderen Welten

Der Türkis ist ein guter Heilstein. Er hat sich in vielen Kulturen bewährt, die Indianer lieben ihn besonders. Für uns steht eine Neuentdeckung bevor. Dieser Stein wird noch einmal im Zusammenhang mit Neutralisierung von Radioaktivität wichtig werden.

Für die momentane Zeit ist er der optimale Stein, um Kreativität zu fördern, schlummernde Talente zu wecken und Widerstände dagegen zu heilen. Der Türkis arbeitet ständig mit uns, selbst wenn wir keinen besitzen. Er kümmert sich um die Erhaltung der Erde und beeinflusst uns in unseren Schlafphasen. Wir sollten ihn mehr würdigen.

Vorsicht vor den extrem häufigen Nachahmungen.

Türkis:	*KREATIVITÄT*
Zusammensetzung:	$Cu(Al, Fe^{3+})[(OH)_2/PO_4]_4 \cdot 4H_2O$
Härte:	*5 - 6*
Farbe:	*von Himmelblau über Blaugrün oder Türkis bis Grün*
Fundorte:	*Persien (Iran), China, USA, Australien, Brasilien*

Besonderes: Wählen Sie einen himmelblauen bis blaugrünen Türkis und achten Sie darauf, daß er echt ist. Es gibt viele Türkisnachahmungen auf dem Markt. Der Türkis ist sehr empfindlich und ändert schnell seine Farbe, wenn er mit chemischen Substanzen in Berührung kommt, wie zum Beispiel Parfüm, Seife und Hautausdünstungen. Geben Sie ihn nie ins Ultraschall-Bad! Er kann sich auch verfärben, wenn wir krank sind.

Energie-Zuordnung: *2*

TURMALIN, BLAU (Indigolith)

Gottes Geschenke enden nie

Mit einem Indigolith in der Hand erleben wir jauchzende, jubelnde Erhebung zu Gott. Unter seinem Einfluss erkennen und beten wir: "Geliebter Gott, geliebtes Leben, danke für alle Edelsteine, die Du geschaffen hast. Gewähre mir die Gnade meiner immer währenden Liebe zu allem Lebenden. Öffne mein Herz für die Schmerzen dieser Welt und hilf mir, sie zu überwinden. Schenke mir einen blauen Turmalin, damit er mich heilen kann."

„Ich habe dich gehört", spricht Gott. „Vertraue."

Der Indigolith stürzt uns in Wechselbäder der Gefühle. Er wirbelt uns empor in die Freude. Wir empfinden überschäumende Dankbarkeit und gleichzeitig tiefsten Schmerz. Wir fühlen uns zerrissen zwischen Erkenntnis und Nichtverstehen, zwischen Momenten der Erleuchtung und scheinbarer Sinnlosigkeit. Während uns der Edelstein diese Zustände bewusst macht, beginnt seine Heilkraft in uns zu wirken.

Turmalin, blau:	*VERTRAUE, SAGT GOTT*
Zusammensetzung: für alle Turmaline gilt	$Na(Li, Al)_3Al_6[(OH)_4/(BO_3)_3/Si_6O_{18}]$
Härte:	*7 - 7,5*
Farbe:	*Es gibt keinen Stein, der in so vielen Farben auftritt wie der Turmalin.*
Fundorte:	*Brasilien, Afrika, Afghanistan, Pakistan, USA, Madagaskar, Sri Lanka (Ceylon), Australien, Ostafrika; für den schwarzen: weltweit*
Energie-Zuordnung:	*1*

TURMALIN, BRAUN (Dravit)

Gottvertrauen und Ruhe

Alle Sorgen fallen von mir ab, alle Ärgernisse werden unwichtig - Gott ist in mir.

Der Dravit verbindet uns wie kein anderer Stein mit dem Ur-Gottvertrauen in uns. Er arbeitet mit großer Schnelligkeit. Wir halten ihn kaum - schon fühlen wir Gelassenheit. Wir besinnen uns auf das Wesentliche und wir spüren Gott. Die Wirkung ist intensiv, die Auswirkungen sind vielfältig.

Für die körperliche Ebene wird dieser Stein in Zukunft noch sehr wichtig werden. *Alle* Krankheiten haben ihren Ursprung darin, dass wir mit Gott nicht mehr verbunden sind, uns nicht mehr verbunden *fühlen.*

Turmalin, braun:	*GOTTVERTRAUEN*
Zusammensetzung:	$NaMg_3Al_6[(OH)_4/(BO_3)_3/Si_6O_{18}]$
Energie-Zuordnung:	*2*

TURMALIN, FARBLOS (Achroit)

In die Stille gehen

Bescheidenheit ist die Eigenschaft dieses Turmalins. Er steht hinter seinen farbigen Brüdern und Schwestern und wartet auf Entdeckung. Dabei macht er es uns nicht einfach, er ist ziemlich selten.

Aber die Suche lohnt sich. Hier ist ein Turmalin, der uns so liebt, dass er sich opfert für unser Glück. Er sagt: „Alles, was du brauchst, ist in mir. Halte mich an dein Herz und verstehe den Sinn von Opfern. Begreife, dass die Menschheit nicht versteht, was Opfer ist. Suche nach Erkenntnis. Ich warte."

Turmalin, farblos: *OPFER ERKENNTNIS*
Zusammensetzung: $Na(Li, Al)_3Al_6[(OH)_4/(BO_3)_3/Si_6O_{18}]$

Besonderes: Würdige Beachtung verdient auch der graue Turmalin. Er besitzt die Schwingung wie der Farblose, strahlt aber eine stärkere Gottverbundenheit aus.

Energie-Zuordnung: *1*

TURMALIN, GELB (Tsilaisit)

SONNE DES LICHTES - GÖTTLICHE FREUDE

Unsere höchste Lebensqualität ist Liebe. Der gelbe Turmalin lehrt uns: Wenn wir offener werden für Liebe, werden wir offener für Freude und die Sonne unseres Herzens. Wer sich der Liebe öffnet, öffnet sich allen Lichtqualitäten.

Der gelbe Turmalin öffnet das Tor in uns, das wir meistens aus Angst verschlossen halten - das Tor zu unserer inneren Sonne. Wenn wir die innere Sonne in uns leben, sind wir mit der *wirklichen* Liebe verbunden, einer Liebe, die bedingungslos ist, die so aus dem gGöttlichen Licht geboren ist, dass sie sich selbst genügt.

Dieser Stein ist für wenige gedacht. Er verlangt Reife und einen weitgehenden Verzicht auf unser Ego. Er ist nicht zu vergleichen mit den anderen gelben Steinen, die wir kennen und die alle mit dem Prinzip der Sonne und des Lichtes verbunden sind.

Wer einen gelben Turmalin tragen möchte, sollte sich bewusst sein, dass er sich damit der Größten Sonne, der Größten Liebe unterstellt. Diese Liebe wird sein Leben bestimmen. Wer diesen Stein trägt, ist ein Helfer für die Welt.

Turmalin, gelb: *GESCHENK GOTTES*
Zusammensetzung: $NaMn^{2+}(Al, Li)_2Al_6[(OH)_4/(BO_3)_3/Si_6O_{18}]$

Energie-Zuordnung: *1*

TURMALIN, GRÜN (Verdelith)

Hoffnung - Stärke

Der grüne Turmalin heilt das Herz. Er stärkt unsere Hoffnung auf ein friedvolles und glückliches Leben. Er stärkt unsere Hoffnung allgemein. Seine sanfte Schwingung breitet sich in unserem Herzen aus und verspricht Heilung. Eingehüllt in Heilungsenergie und Hoffnung sind wir fähig, unser Leben neu zu betrachten. Wir erkennen Verirrungen und Verweigerungen. Wir erkennen NEU. So hilft er uns, von alten Gedankenmustern loszulassen und neue Gedanken und Vorstellungen zu formen. Wir betrachten uns in Liebe und sind bereit, uns zu heilen.

Dieser Turmalin sorgt für Klarheit im ganzheitlichen Heilungsbereich. Er wird in seiner Heilungsenergie noch unterschätzt.

Für die körperliche Ebene ist er sehr wichtig.

Turmalin, grün:	*HEILUNG*
Zusammensetzung:	$Na(Li, Al)_3Al_6[(OH)_4/(BO_3)_3/Si_6O_{18}]$
Energie-Zuordnung:	*2*

TURMALIN, MEHRFARBIG

Reichtum des Lebens

Mehrfarbiger Turmaline erfreuen unser Herz. Sie unterstützen unser Wachstum und erinnern an die Vielfalt des Lebens und des Sich-entwickeln-Könnens. Jede Schwingung der beschriebenen Turmaline kann in mehrfarbigen Steinen enthalten sein.

Genießen wir sie!

Turmaline, mehrfarbig:	*VIELFALT*
Zusammensetzung:	*unterschiedlich*
Farbe:	*zwei oder mehr Farben in einem Stein übereinander (siehe dagegen Wassermelonen-Turmalin)*
Energie-Zuordnung:	*1*

TURMALIN, ROSA

Liebe zur Menschheit - Menschlichkeit

Der rosafarbene Turmalin und der Rubellit strahlen die höchste Liebesschwingung unter den Turmalinen aus. Sie sind für die Menschen gedacht, die besondere Verletzungen in ihrem Herzen tragen, für diejenigen, die sich nur schmerzlich damit abfinden können, dass die Erde kein Paradies mehr ist und nur wenige dazu bereit sind, ihren Teil zu tun, um dieses Paradies wiederherzustellen.

Es ist möglich, dass wir alle in *Fülle* leben. Aber es geht nur, wenn wir uns in allen Handlungen der göttlichen Weisheit unterstellen.

TURMALIN, ROT

BESCHWINGTE HEITERKEIT - LEBENSFEUER

Der rote Turmalin kommt recht selten vor. Er tanzt den Tanz der Freude. Er strotzt vor Lebensenergie. Man muss ihn suchen - so wie wir unsere Lebensfreude zu finden haben. Wir leben nur einen Bruchteil unserer Möglichkeiten, wir sind für mehr bestimmt.

Mit diesem Stein werden wir neugierig auf das *Mehr*. Wir werden unruhig, wir suchen unsere Lebenskraft. Tanz und Licht und Freude - dieser Stein vermittelt sie.

Turmalin, rot:	*LEBENSKRAFT - LEBENSFEUER*
Zusammensetzung:	*wie Rubellit*
Energie-Zuordnung:	*1*

TURMALIN, SCHWARZ (Schörl)

VERBINDUNG MIT GOTT

Der schwarze Turmalin unterstützt uns in seinem Wesen der Zugehörigkeit. Da er Bilder aus unserem Unterbewusstsein an die Oberfläche bringt, Erinnerungen verstärkt und uns gleichzeitig Kraft vermittelt, können wir mit ihm alte Wunden heilen. Er ist der ideale Stein zu Aufarbeitung vergangener Leben. Wenn wir durch diese Erinnerungen gehen und durch unsere Tode hinaus ins Licht, werden wir immer unsere Zugehörigkeit erkennen. Wir sind Kinder des Lebens und mit allem SEIN verbunden. Was uns geschieht, geschieht anderen; was anderen geschieht, geschieht mir. Den Schock dieser Erkenntnis heilt der schwarze Turmalin.

Turmalin, schwarz: *UNTERSTÜTZUNG*
Zusammensetzung: $NaFe_3^{2+}(FE^{3+}, Al)_6[(OH)_4/(BO_3)_3/Si_6O_{18}]$

Besonderes: Dieser Turmalin wirkt kompakt schwarz. Vielleicht sind die meisten auch schwarz. Ein Händler hat sich aber einmal Mühe gemacht, ein paar seiner Turmaline hauchdünn aufschneiden zu lassen. Seine Querschnitte waren so dünn, dass sie - auf dünne Glasscheiben gezogen - immer noch sehr fein waren. Es entfaltete sich eine überraschende Farbenpracht, die Querschnitte, die ich sah, waren leuchtend blau mit grünem Rand, manchmal mit einem zarten schwarzen Außenrand. Nicht alles ist, wie es scheint. Auch die Steine lehren das immer wieder.

Energie-Zuordnung: *3*

TURMALIN, VIOLETT (Siberit)

ÜBER SICH HINAUSWACHSEN

Der violette Turmalin belehrt uns über den Sinn von Opfern. Gleichzeitig unterstützt er uns, das Gelernte in die Tat umzusetzen.

Er lehrt an erster Stelle, dass wir wachsen, wenn wir uns überwinden, dass wir emporstreben zum Licht durch Zurücklassen unserer Wünsche. Der violette Turmalin ist mit Höchster Geistigkeit verbunden und belehrt uns stetig. Unter den Turmalinen besitzt er die klarste Energie für schnelles Wachstum.

Turmalin, violett:	*GOTTESZUGEHÖRIGKEIT*
Zusammensetzung:	$Na(Li, Al)_3Al_6[(OH)_4/(BO_3)_3/Si_6O_{18}]$
Energie-Zuordnung:	*1*

ULEXIT

VERGRÖSSERUNG

Der Ulexit gibt uns ein Gefühl für Größe. Gleichzeitig erinnert er uns an die Verpflichtungen, die mit Größe einhergehen.

Mut zum Leben erfordert Tatkraft. Keine Größe ohne Taten. Wenn wir einen Ulexit eine Stunde in der Hand halten, finden wir den Anschluss an unsere nächstwichtige Aufgabe. Es mag dann ein paar Tage dauern, bis sie in unser Bewusstsein dringt.

Dieser Stein hilft uns, wenn wir uns ziellos fühlen oder uns zu viel vorgenommen haben und keine klare Linie mehr sehen.

Wichtig für die körperliche Ebene.

Ulexit:	*GRÖSSE*
Zusammensetzung:	$NaCa[B_5O_6(OH)_6] \cdot 5H_2O$
Härte:	*2 - 2,5*
Farbe:	*weiß, weißlich, gräulich, beige*
Fundorte:	*USA, Rußland*

Besonderes: Der Ulexit wird auch „Fernsehstein" genannt: Wenn man ihn auf Geschriebenes legt, erscheinen die Buchstaben an der Oberfläche.

Energie-Zuordnung: *3*

UNAKIT („Epidot“)

AUSDAUER - STÄRKE

Mit diesem Stein boxen wir uns durch unsere eigenen Widerstände. Er spiegelt die Lächerlichkeit von Widerständen und nimmt sie doch ernst. Ein guter Helfer für Zeiten, in denen wir zu eigensinnig sind.

Unakit:	*AUSDAUER*
Zusammensetzung:	*granitähnliches Gestein aus hellem Quarz, rosa Feldspat und grünem Epidot*
Härte:	*6 - 7*
Farbe:	*rosa und grün gesprenkelt*
Fundorte:	*USA, Rhodesien (Simbabwe) und Irland*

Besonderes: Steine und Waren aus diesem Material werden im Verkauf meistens als „Epidot“ bezeichnet (siehe EPIDOT).

Energie-Zuordnung: 3

VANADINIT

Prüfung des Herzens

In keiner Zeit nützt uns dieser Stein so sehr wie in Zeiten des Umbruchs. Alte Schmerzen flammen auf - und schienen doch geheilt. Wo stehen wir? Wohin bewegen wir uns? Selbstzweifel beeinflussen uns stark.

In diesen Phasen hilft der Vanadinit. Er vermittelt uns, daß das ganze Leben eine Prüfung ist, dass wir immer wieder Läuterungsprozesse durchlaufen und immer wieder versucht sind, uns an Altem festzuhalten.

Die Schmerzen des nötigen Abschieds werden durch diesen Stein geheilt. Obwohl er Erinnerungen aufbrechen lässt, weist er uns gleichermaßen die Zukunft. „Halte dich an DICH", scheint er zu sagen. „Vertraue DIR. Prüfe dein Herz auf Bindungen. Lasse los, von allem was dich hindern könnte. Der Weg zu Gott ist einfach. Gehe ihn unbeschwert. Vertraue dem HERRN und darauf, dass sich neue Tore öffnen werden. Schließe die alten sorgfältig. Verharre einen Moment in Dankbarkeit. Wende dich um und siehe, was dir bereitet wurde. Im Augenblick des Loslassens liegt die Neugeburt. Vertraue."

Vanadinit:	*PRÜFUNG*
Zusammensetzung:	$Pb_5[Cl/VO_4)_3]$
Härte:	*3*
Farbe:	*gelb, braun, orange, rot*
Fundorte:	*Marokko, USA*

Energie-Zuordnung:	*3*

VARISCIT

Die Kraft der Erfüllung liegt in mir

Der Variscit bringt uns zu der Erkenntnis: *Ich habe alles in mir, um glücklich zu sein*!

Jeder Mensch kann glücklich sein. Es ist nur eine Frage des Zutrauens. Der Variscit bringt uns dahin, unsere eigene Fähigkeit zum Glück zu erkennen. Er lehrt uns, dass die Grundlage allen Lebens Glück ist. Je weiter wir uns entwickeln, desto mehr werden wir das spüren.

In der täglichen Anwendung fühlen wir uns mit diesem Stein einfach leichter und glücklicher. Um uns konstant in der Tiefe unseres Glücks fühlen zu können, müssten wir ihn in bester Qualität entweder jahrelang anwenden oder (vorzugsweise) mit Hilfe von anderen Edelsteinen sowie Therapieformen und Heilungssitzungen unsere Blockaden transformieren. Es ist auch damit zu rechnen, dass uns der Variscit unsere momentane Unfähigkeit zum Glück vor Augen führt.

Variscit:	*SELBSTERKENNTNIS*
Zusammensetzung:	$Al[PO_4] \cdot 2H_2O$
Härte:	*4 - 5*
Farbe:	*blass- bis smaragdgrün, auch bläulich grün bis farblos*
Fundorte:	*USA, Brasilien, Australien*

Energie-Zuordnung:	*3*

VERDIT

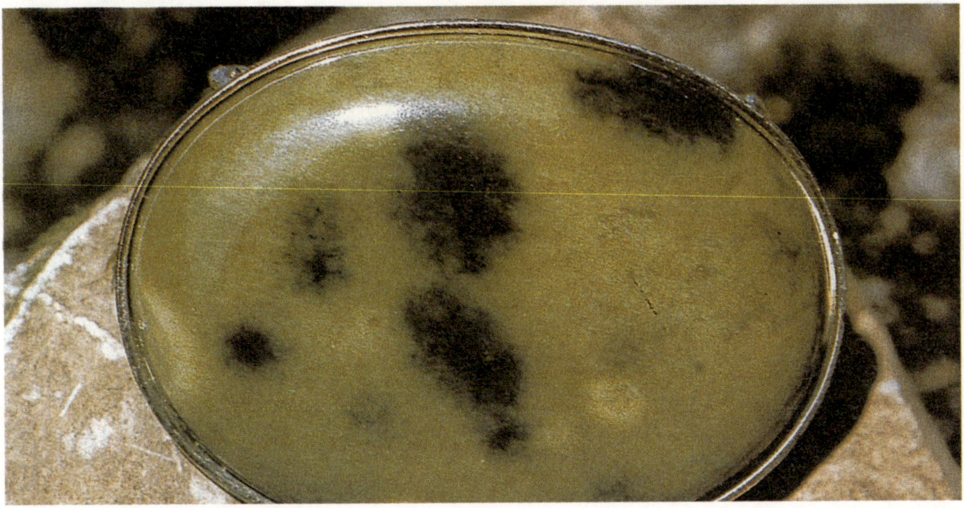

Mut der Verzweiflung

Mit diesem Stein spüren wir unser Zögern, unsere Unsicherheit und unsere Verzagtheit. Wir spüren unser selbstquälerisches Abwarten. Dabei können wir es belassen, wenn wir nur etwas über uns lernen wollen. Wenn wir uns aber dazu durchringen, einen Schritt in unserem Leben zu tun, vor dem wir Angst haben und den wir unbedingt vermeiden wollten, dann kann uns dieser Stein den Mut der Verzweiflung schenken.

Er kann uns für kurze Zeit einen solchen Mut und Sicherheit geben, daß wir uns kaum wiedererkennen. Er sollte vorsichtig eingesetzt werden, und erst dann, wenn wir uns unserer Sache absolut sicher sind. Sonst könnten wir uns schaden.

Verdit:	*MUT - TATEN*
Zusammensetzung:	$Mg_6[(OH)_8/Si_4O_{10}]$
Härte:	*3*
Farbe:	*grün mit roten, gelben oder braunen Fleckenadern (Serpentingestein)*
Fundorte:	*Südafrika*
Energie-Zuordnung:	*3*

VESUVIAN (Idokras)

Ein Stein mit Humor

Seine spezielle Aufgabe ist es, uns in Leichtigkeit zu tauchen, wo uns Schwermut überfallen will. Mit ihm erkennen wir plötzlich, dass es keinen Grund zur Sorge gibt, solange wir uns mit Gott verbunden fühlen.

Alle Sorgen dieser Welt gehen auf ein HADERN mit Gott zurück. Erkenntnis bringt Heilung, allerdings nur, wenn wir unseren Erkenntnissen *Taten* folgen lassen. Erkenntnis unserer Liebe zu Gott ist der größte Heiler, Erkenntnis unseres *Getragenwerdens von Gott* die größte Liebe. Daraus erwächst alles. Der Vesuvian erinnert daran.

Vesuvian:	*LÖSUNG VON PROBLEMEN*
Zusammensetzung:	$Ca_{10}(Mg, Fe^{2+})_2Al_4[(OH)_4/(SiO_4)_5/(Si_2O_7)_2]$
Härte:	*6 - 7*
Farbe:	*gelblich braun, olivbraun, grünlich gelb, auch grün oder braun*
Fundorte:	*Kenia, Kanada, Sri Lanka (Ceylon)*

Energie-Zuordnung:	*1*

WASSERMELONEN-TURMALIN

Heilung - Heilung - Heilung

Dieser Turmalin meint es besonders gut mit uns. Er verbindet die Qualitäten der rosa Turmaline mit denen der grünen. Und hier liegt noch seine besondere Stärke - in dem Prinzip der *Verbindung.* Liebe und Heilung gehören zusammen. Wir werden heil, wenn wir lieben, und wir vermitteln ein Stück Heilung, wenn wir andere lieben. Unsere größte Stärke ist die Liebe. In seiner eindringlichen Kraft erinnert uns der Wassermelonen-Turmalin, diese Qualität für unsere Heilung einzusetzen.

Ein sehr wichtiger Stein für die körperliche Ebene.

Wassermelonen-Turmalin:	*HEILUNG UND VERBINDUNG*
Zusammensetzung:	*unterschiedlich, mit Turmalin-Grundformel*
Härte:	*7 - 7,5*
Farbe:	*Turmaline mit grünem Rand und einem rötlichen rosafarbenen Kern*
Fundorte:	*Brasilien, Afghanistan, USA, Afrika*

Energie-Zuordnung:	*2*

WAVELLIT

Hunger nach Grösse

Wenn wir einen Wavellit treffen, ist das ein Hinweis auf unser Wachstum: Es ist nötig, dass wir prüfen, wo wir uns noch gegen Größe und Erweiterung wehren.

Dieser Stein verhilft uns zur Erkenntnis, dass wir immer unglücklich und gebremst sein werden, solange wir uns nicht zu unserer Größe aufrichten, an der Erfüllung unserer Lebensaufgabe noch nicht genügend arbeiten.

Der Wavellit zeigt uns die Unmöglichkeit von verhaltener Energie auf. Eines Tages muss es zur Explosion kommen, zum Ausbruch unserer Unzufriedenheit, unserer Verzweiflung und Trauer.

„Sei, wer du *bist*!“ sagt er. Er meint es gut. Wir ersparen uns Krankheit und Unglück, wenn wir ihn wirken lassen. Er gibt uns Mut und verweist uns auf Edelstein-Helfer, die uns nach ihm begleiten wollen.

Wavellit:	*FESTHALTEN AN ALTEM*
Zusammensetzung:	$Al_3[(OH, F)_3/(PO_4)_2] \cdot 5H_2O$
Härte:	*3,5 - 4*
Farbe:	*grünlich, weiß, gelblich, bräunlich, bläulich*
Fundorte:	*Deutschland, Tschechische Republik, England, USA, Bolivien*

Energie-Zuordnung:	*2*

ZEIRINGIT

Reue durchleben

Mit diesem Stein am Herzen versprechen wir Gott auszugleichen, was wir vor Jahren versäumt haben. Bei dieser Art von Reue empfinden wir aber keinen Schmerz, das ist das Geschenk dieses Steines. So können wir auch in aller Aufrichtigkeit empfinden, was unsere Verweigerung bewirkt hat. Weil wir nicht in Schmerz versinken, sehen wir klar. Weil die Reue uns nicht ohnmächtig macht, schaffen wir kein neues Karma durch unüberlegte Versprechungen. Dieser Stein meint es gut mit uns, indem er uns hilft, unseren Weg ohne den Schmerz der Reue zu gehen. Er ist ein Geschenk für die, zu denen er kommt.

Zeiringit:	*FREUDE ÜBER UNSEREN WEG*
Zusammensetzung:	*kupferhaltiger Aragonit*
Härte:	*3,5 - 4*
Farbe:	*weißlich mit Hellblau/Hellgrün, Blau*
Fundorte:	*Oberzeiring/Steiermark, Spanien, Griechenland*

Energie-Zuordnung: *1*

ZIRKON, BLAU

ERLEUCHTUNG - VERÄNDERUNG DURCH SELBSTAUFGABE

Dieser Stein erinnert an das Opfer von Jesus Christus. Er lehrt, dass die absolute Hingabe in das ewige Leben führt.
Es gibt keinen blauen Zirkon in der Natur. Durch das Brennen von bräunlichen Zirkonen werden farblose oder blaue Steine geboren. Indem ein Zirkon sich in seiner herkömmlichen Art aufgibt, wird ein anderer aus ihm. Durch einen Transformationsprozess gewinnt er an Bedeutung. Er hat sich erhöht.
Tragen wir diesen Stein, werden wir allmählich bereit zur Aufgabe unseres Egos zugunsten unserer Gesamtentwicklung. Mit seiner Hilfe gewinnen wir die Überzeugung, dass sich jeder Einsatz, jede Mühe und jedes Bestreben lohnen, um auf unserem Wege vorwärts zu kommen, um Gott schneller zu finden.
Für diejenigen, die Gott bereits folgen, findet eine Erhebung in weitere geistige Ebenen statt. Wenn diese ihn tragen, werden sie dem Himmel näher sein als ohne ihn. Ein Stein, der in jeder Entwicklungsstufe aufrichtige Veränderung von uns fordert, damit unser Weg ins Licht leichter wird.

Zirkon, blau:	*AHNUNG VON GÖTTLICHKEIT*
Farbe:	*sehr helles Blau bis „schönstes"(unechtes) Aquamarinblau*

Besonderes: Große und kräftig blaue Zirkone sind sehr selten und entsprechend teuer. Brennt man bräunliche Steine ohne Sauerstoffzufuhr, werden sie blau, mit Sauerstoffzufuhr werden sie farblos/weiß.

für alle Zirkone gilt

Zusammensetzung:	*$Zr[SiO_4]$*
Härte:	*6,5 - 7,5*
Fundorte:	*Thailand, Kamputschea (Kambodscha), Afrika, Indien, Brasilien, Australien, Tasmanien*
Energie-Zuordnung:	*1*

ZIRKONIA

Zappelnde Freude

Zirkonia ist eine Erfindung des Menschen. Gleichwohl besitzen diese „Steine“ eine Energie.

In ihrer Klarheit und ihrem farbenprächtigen Blitzen gaukeln sie uns eine Welt der Fülle vor. Versunken in ihr Strahlen, erscheint uns alles im Leben einfach. Aber da sie nicht durch die Energie einer tiefen Freude beseelt sind, wie sie den Edelsteinen zu Eigen ist, ist ihre Wirkung von kürzester Dauer und ruft eher Unruhe hervor. Wenn wir uns in ihnen verlieren, verlieren wir uns in der Welt der Oberflächlichkeit. Wenn wir Lust haben auf quirlige Freude und damit umgehen können, sollten wir sie liebevoll betrachten.

Zirkonia: *LUST AUF TÄUSCHUNG*

Besonderes: Der Zirkonia wird synthetisch hergestellt und als Imitation für Diamanten benutzt. Er glitzert auffällig.

Energie-Zuordnung: *3*

ZITRIN

Höchste Erleuchtung

Der Zitrin ist erstaunlich! In Verbindung mit dem Amethyst verhilft er Anfängern zu einem gewissen Verständnis von Edelsteinen. Sie können uns aber auch *Höchste Erleuchtung* bringen. Beides sind große Steine, beide sind schlicht.
Für den Zitrin gilt, dass er uns hilft unsere Scheu zu überwinden, vor Gott zu treten. Gott ist Liebe. Wir vergessen das immer wieder. Mit dem Zitrin ist es, als wenn er uns einen Abglanz des Himmelreiches zeigt und uns bittet einzutreten. Er sagt: „Da du ein Kind Gottes bist, hat Gott den Tisch für dich bereitet. Du kannst ausruhen und entspannen. Tritt näher und erkenne Gottes Liebe. Begreife, dass du vorher nicht wusstest, was Liebe ist. Lerne hier, den Teil in dir zu geben, der dich hindert, vollkommene Liebe zu leben. Erkenne für einen Moment, wohin dich das Aufgeben aller Wünsche führt. *Vertraue auf Gott.*"
Mit dem Zitrin sind Engel verbunden, die unsere Umwandlung behüten, die uns schützen vor Eigensinn und Trotz, die uns aufnehmen in die Schule der Einweihung. Ein Stein, der nichts verlangt und doch höchste Konzentration fordern kann. Er kann sogar bahnbrechend wirken. Seine heilende Ausstrahlung liegt in der Akzeptanz unseres Weges zu Gott und seiner Hilfe dabei. Ein Helfer, den wir auf unserem Entwicklungsweg immer wieder einmal benötigen.

Zitrin:	*FRIEDEN MIT SICH SELBST - HÖCHSTE ENERGIE*
Zusammensetzung:	SiO_2
Härte:	*7*
Farbe:	*gelb in allen Variationen*
Fundorte:	*Brasilien, Afrika, Südafrika, Madagaskar, Spanien*

Besonderes: Der natürliche Zitrin weist ein eher zurückhaltendes Gelb auf, manchmal wirkt er schon fast bräunlich. Die herrlich strahlend gelben Zitrine sind alle künstlich gebrannte Amethyste. Wir freuen uns an beiden.

Energie-Zuordnung: *1*

EDELSTEINVERZEICHNIS

BILDNACHWEIS

Adelheid Siebenbaum, Berlin: Amazonit, Amethyst, Andradit, Aragonit, Aventurin orange, Calcit, Chalzedon, Chrysoberyll, Chrysokoll, Chrysopal, Coromit, Dendriten-Achat, Diamant/Brillant weiß, Eilatstein, Enstatit, Falkenauge, Feueropal, Fluorit, Goldfluss, Hämatit, Herkimer-Quarz, Honigcalcit, Jade/Jadeit, Kunzit, Labradorit, Leopardenjaspis, Malachit, Melanit, Mondstein apricot, Mookait, Moosachat, Peridot, Perlmutter, Purpurit, Pyrit, Rhodochrosit, Rosenquarz, Serpentin, Smithsonit, Stern-Saphir, Sugilith, Tigerauge, Tropfstein, Turmalin grün, Unakit, Vanadanit, Variscit.
Gerd Becker, Idar-Oberstein: Onyx
Glanz-Licht-Studio, Berlin: Paraiba grau
Sabine von Neubeck, Berlin: Alle weiteren Bilder in diesem Buch.